品牌营销非常道

赵崇甫 / 著

中国言实出版社

图书在版编目（ＣＩＰ）数据

品牌营销非常道 / 赵崇甫著 . — 北京：中国言实
出版社，2013.6
ISBN 978-7-5171-0136-9

Ⅰ . ①品… Ⅱ . ①赵… Ⅲ . ①品牌营销 Ⅳ .
① F713.50

中国版本图书馆 CIP 数据核字 (2013) 第 107106 号

责任编辑：周　晏

出版发行　中国言实出版社
　　地　址：北京市朝阳区北苑路 180 号加利大厦 5 号楼 105 室
　　邮　编：100101
　　电　话：64966714（发行部）　51147960（邮　购）
　　　　　　64924853（总编室）　64914138（编辑部）
　　网　址：www.zgyscbs.cn
　　E-mail：zgyscbs@263.net
经　　销　新华书店
印　　刷　大厂回族自治县正兴印务有限公司
版　　次　2013 年 6 月第 1 版　　2013 年 6 月第 1 次印刷
规　　格　710 毫米 ×1000 毫米　　1/16　　16.75 印张
字　　数　240 千字
定　　价　32.80 元　　ISBN 978-7-5171-0136-9

时间碎片的价值

微博结集，是件无意为之的事。从 2011 年 8 月开始写微博，只是随意写来，慢慢地，我发现微博是个好东西。很多时候，闪过大脑的思想火花，因为没有及时记录下来，随风消散在无边无际的记忆深海。而微博这种形式可以充分地利用碎片化的时间将这些火花捕捉下来。

随着持续的写作，积少成多，友人建议结集，或许他们看到了这些微弱的火花也有点鲜艳的颜色，或许还有一点点亮光，一点点热度。

中国企业从制造转向创造，从产品生产转向品牌经营，这是时代赋予的使命，也是企业生存壮大的必然选择。但我们在品牌理论研究、品牌实践上还存在着不少认识上的误区。而探索品牌的内在规律，帮助它们成长，是我的使命。因此，我非常愿意将自己平时的所思所悟和大家分享，希望这些片言只语，这一点点思想的亮光和温暖能够给大家带来启发。

本书虽冠以《品牌营销非常道》之名，却涵盖了战略、营销、团队、销售、广告等芜杂的内容。在为众多企业服务的过程中，我深刻地体会到品牌决非仅仅是光鲜的外表，而是有着更深刻的内涵。品牌所依附的产品质量要过硬、工业设计要精美、用户体验要良好，品牌更需与时俱进，它的身上闪耀着时代的光辉。品牌需要经营者有着清晰而坚定的价值观、充满活力的团队，还需要能够直面困难、挫折和危机的勇气和智慧。品牌需脚踏实地，十年寒窗辛苦打造，并非一些人所高调宣扬的"炒作、策划、讲故事"就能成就。

用微博这样的形式来讲道理是高风险的事，因为在 140 字之内，要说清楚一个观点是困难的，充分的论证和论据需要足够的腾挪空间。但我认为，真正有价值的思想、理念或观点都是简单的，简单才能够被理解、接受和传播，简单才有力量。如果用微博表达不清楚，只能说明我的功力不够，还不清楚自己究竟想表达什么。连自己都说不清楚的思想，对读者也不会产生真正的价值。采用这样不讨巧的形式，是自找麻烦但更是自我历练。

从最早的无规律写作到现在的天天坚持，微博已经成为我每天的必修课，既让我时刻保持着对最新资讯的关注，又锤炼了我的文字能力。另外，我每天都将一条微博以短信的形式分享给一些企业界的朋友，风雨无阻，一天不落。无疑这又是对我时间管理的挑战，迫使我更合理地架构团队和分配任务，从最初的手忙脚乱到现在的从容应对见证了自己的成长。这些算是微博的副产品吧。据说坚持 21 天的行为就会成为习惯，坚持了这么久，我早已养成习惯，习惯即成自然。

用时间碎片写作的内容，适合用时间碎片阅读。如果您在无意间翻看本书，有一条微博能够打动您，我就知足了。

赵崇甫
2013 年 1 月

目 录

附录

2011.8—2011.9

#品牌的真正拥有者是消费者#如果品牌能做到一切都围绕消费者做好服务，一定能长久地发展。企业常常站在自己的立场来构建品牌，没弄明白品牌的真正拥有者和使用者是消费者，而企业只是品牌的建设者。企业的任务就是做好这个品牌，让消费者喜欢用。若能做到"圣人恒无心，以百姓之心为心"，品牌长青则可期。（2011-8-24）

品牌之道，种树之道

#"三大纪律，八项注意"是管理口号的典范#"三大纪律，八项注意"是制度和口号的完美结合：简单、具体、可操作。三大纪律："一切行动听指挥，不拿群众一针一线，一切缴获要归公。"八项注意："说话和气，买卖公平，借东西要还，损坏东西要赔，不打人骂人，不损坏庄稼，不调戏妇女，不虐待俘虏。"

·2011-8-1·

#品牌在于长久而不在于短暂的精彩#中国文化是讲究长久的，人与人之间的关系希望长长久久，思想观念希望能够长久流传，人物也希望能够流芳百世，所谓人生自古谁无死，留取丹心照汗青。品牌也要讲究长久。急功近利只能昙花一现，胜利者一定是留在游戏最后的人。

·2011-8-2·

#不为相所惑，而究事物的本源#"道可道也，非恒道也。名可名也，非恒名也。无名，万物之始也；有名，万物之母也。故恒无欲也，以观其眇；恒有欲也，以观其徼。两者同出，异名同谓。玄之又玄，众眇之门。"我们常把表象当真相，而忽视表象后的根源。

·2011-8-3·

中国

#相互矛盾中充满机会#"有无之相生也，难易之相成也，长短之相刑也，高下之相盈也，音声之相和也，先后之相随，恒也。"其辩证思想为我们在品牌规划时提供了多维的思考。竞争者是高端则可低端相应，竞争者重量则可重质相应。自建地盘，自己做主。

·2011-8-3·

 # 品牌之道藏于品牌背后 #"道冲，而用之有弗盈也。渊呵！似万物之宗。锉其兑，解其纷，和其光，同其尘。"品牌运作的关键在于发现品牌运作的客观规律，也即品牌之"道"。成功品牌的内在精神、价值诉求与其外在表现完全一致，也即"道"融入品牌的方方面面，而不是两张皮。

· 2011–8–4 ·

 # 品牌之道：做有价值的事，做别人不愿做的事 #尽管市场竞争很激烈，但机会却无处不在。只要你的品牌能够提供比别人有差异的价值，或解决了别人不愿意解决的问题，或在对手不愿意关注的地方投入精力创造价值，你就能进入蓝海。正所谓："上善若水。水善利万物而不争，处众人之所恶，故几于道。"

· 2011–8–9 ·

 # 超级想象力：消费者维权需要苍蝇尸检报告 #曾经曝出牛奶回炉再加工的光明公司，罐装牛奶中又现苍蝇。从牛奶中喝出苍蝇的杭州张小姐，找到光明公司要说法，该公司超有想象力，居然要求张小姐去做苍蝇的尸检报告。如果要评选本年度品牌笑话，这可能会被评为最大笑话。光明牛奶，你能否"光明"一点点？

· 2011–8–9 ·

 # 钝品牌 VS 锐品牌 #《道德经》有云："持而盈之，不如其已；揣而锐之，不可长保。"快时代下，品牌都想居于巅峰，挖空心思出新出奇，无所不用其极。然而，满了，就装不进新东西；锐了，就容易折断。品牌如需长青，居高峰也需和同行和谐，且需树立更高的目标。做长久的钝品牌，不做短暂的锐品牌！

美国

· 2011–8–11 ·

 # 品牌高境界：形神统一 #《道德经》云："载营魄抱一，能无离乎？专气致柔，能如婴儿乎？"凡成功品牌的外在表现和内在品质都是一致的，否则不能壮大和成长。做人也如此，说自己所行，行自己所说，也即是知行合一、言行一致。如此，个人品牌自然就会树立起来。

·2011-8-11·

 # 品牌在虚实之间 #"埏埴以为器，当其无，有器之用。凿户牖以为室，当其无，有室之用。"顾客购买某品牌产品，很多时候不仅购买实用部分，还在乎拥有这个品牌的情感体验。所以，不光要卖产品实的部分，更要卖虚的部分。有产生于无，无产生于有；实产生于空，空产生于实。

·2011-8-11·

 # 品牌卖点：简单、直接才有效 #《道德经》云："五色令人目盲，五音令人耳聋，五味令人口爽。"缤纷的色彩，使人眼花缭乱；嘈杂的音调，使人听觉失灵；丰盛的食物，使人舌不知味。在品牌建设上也存在着类似的误区，总是想把所有的优点告诉别人，殊不知，说得太多，消费者反而不知道你真正的优点了。

·2011-8-12·

 # 品牌高境界"不知有之" #《道德经》云："太上，不知有之；其次，亲而誉之；其次，畏之；其次，侮之。"其意为表达领导之道的高下。品牌之道也类同，最高境界是大家似乎并不特别关注，而会自觉地购买。亲之誉之的品牌，因为备受关注，一有问题则会引发品牌危机，如近来的味千、肯德基就属于这层次。

英国

·2011-8-15·

 # 品牌少之道 # "少则得，多则惑，是以圣人抱一为天下式。"品牌诉求应少，突出的优点也宜少，消费者购买某种产品只会最在乎一个因素，找到这个起决定性的因素即可。我们也不要妄想把全天下的人都网罗进来，客户的群体多了诉求点就要多，诉求点一多，就让人搞不清楚品牌的核心价值了。

· 2011-8-15 ·

 # 品牌危机正是机会 # "大道废，有仁义；智慧出，有大伪；六亲不和，有孝慈；国家昏乱，有忠臣。"近来洋品牌曝出诸多危机，让国人开始明白有些洋品牌和假洋品牌并没有想象的那么好。品牌乱象的背后正是中国本土品牌扬名立万的好机会。本土品牌长期坚持外在形象和内容品质一致，慢慢地国人自会接受。

· 2011-8-17 ·

 # 品牌：自察自强 # "不自见，故明；不自是，故彰；不自伐，故有功；不自矜，故长。"这既是个人为人处事的基本道理，也是个人品牌塑造的指导思想。"自吹自夸"不光会封闭自己的思维，同时也会引起他人的反感，可谓"内外皆失"。脚踏实地，专注于自己专业的积累，久而久之，品牌自然建立。

· 2011-8-21 ·

 # 品牌：相互的作用力 # "同于道者，道亦乐得之；同于德者，德亦乐得之；同于失者，失亦乐得之。信不足焉，有不信焉！"从某种意义上讲，注意力就是事实，而作用力也是相互的。遵循品牌规律，就能成就品牌；违背规律，成就品牌就是一句空话；品牌虚假诉求，消费者就不会买账。蒙骗消费者的时代已经过去了。

· 2011-8-21 ·

法国

 # 从炒作回归平常 # "希言自然。故飘雨不终朝，骤雨不终日，孰为此者，天地。"至少有三点借鉴意义：第一，在管理上少瞎指挥，尽可能让每个人发挥主观能动性；第二，困难和挫折总是短暂的，生活大部分时间是平静的常态；第三，营销上的炒作无论再大的动静，终会被人淡忘，品牌需要每天每时、一点一滴做起。

· 2011-8-21 ·

 # 七年的茶摊自成品牌 # 杭州的童大伯，摆了七年的免费茶摊，每年开张的第一天，媒体都会报道。现在，童大伯早不是单打独斗，凉蓬、座椅、茶叶等等都有单位或个人赞助。童大伯，不为名不为利，反而成了受人尊敬的名人。郭美美等挖空心思只换来全国人民的诟病。"夫唯不争，故天下莫能与之争。"

· 2011-8-21 ·

 # 品牌创新提升竞争力 # 品牌之战应如老子所说，不应以伤害对手的手段去取得胜利，否则会招致失败。品牌也需要时时创新，不断焕发活力。物壮则老，如果不能与时俱进，则也会失败。长虹品牌的老化即存在着巨大的危机。"善者果而已，不敢以取强"，"物壮则老，是谓不道，不道早已"。

· 2011-8-22 ·

 # 知己知彼，强健品牌自身 # 知道同行在干什么、其优势和劣势是什么，自己的品牌才能找到正确的位置，也才可能制定正确的因应策略。战胜对手不能算真正的具有竞争力，竞争对手总会层出不穷，以不变应万变的根本之道是做强自身。"知人者智，自知者明。胜人者有力，自胜者强。"

· 2011-8-22 ·

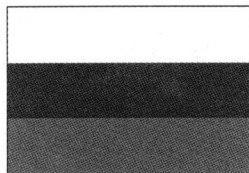

俄罗斯

#品牌定位之对立策略#真功夫选址在肯德基隔壁或对面；肯德基油炸，真功夫清蒸，一句"营养还是蒸得好"，打得肯德基无招架之功；肯德基用老爷爷作标志，真功夫整个一貌似李小龙的功夫小子，谁干得过谁？毛主席说："凡是敌人赞成的我们就反对，凡是敌人反对的我们就赞成。""反者道之动，弱者道之用。"

·2011-8-23·

#要相信，不要怀疑#对于智慧的体悟，应该是在行动上，不能听了而不改变，更不能嘲笑。我们对"听话"一词已经反感多年，年龄见长，经历增多，反而觉得"听话、照做"才是捷径。人生很短，不是所有智慧都必须亲历而后总结。"上士闻道，勤而行之；中士闻道，若存若亡；下士闻道，大笑之。"

·2011-8-23·

#行万里路，读万卷书，还需洗万遍心# 现象可能只是一个表象，代表不了实质，经历并不一定形成经验，经验也不一定有正面的借鉴意义。应该静下来，深入事物内部，寻找根本。多少人踏上旅程，一通折腾后除了忙累，并没有实质性的体悟。正所谓："不出户，知天下；不窥牖，见天道。其出弥远，其知弥少。"

·2011-8-24·

瑞士

#品牌的真正拥有者是消费者#如果品牌能做到一切都围绕消费者做好服务，一定能长久地发展。企业常常站在自己的立场来构建品牌，没弄明白品牌的真正拥有者和使用者是消费者，而企业只是品牌的建设者。企业的任务就是做好这个品牌，让消费者使用。若能做到"圣人恒无心，以百姓之心为心"，品牌长青则可期。

·2011-8-24·

#善救物的心态# "圣人常善救人，故无弃人；常善救物，故无弃物。"老子说的是一种胸怀，一种格局，也是一种策略。坚信事物有价值，可能真的找到价值。垃圾在我们眼里仅仅是垃圾，如果集中起来发电，垃圾就变成了资源。人亦如是，杰克逊去打拳肯定是平庸的拳手，阿里去唱摇滚台下多半没啥观众。

·2011-8-25·

#品牌诉求，立场要鲜明# "知其雄，守其雌；知其白，守其黑。"在品牌建设上，与竞争对手提出相反的理念诉求，越鲜明越有效。在两党政治的社会，两党竞选时，双方大张旗鼓地提出自己的施政方针，一方与另一方的观点往往水火不容，一黑一白，一雄一雌，立场鲜明，尽管执政后政策往往与前任大同小异。

·2011-8-25·

#品牌及人，少贪# 曾经前途无量的许迈勇副市长，集中整个家族精华的人中极品，结果因为贪得无厌，最终落得个身名两亡。在钱财上的贪婪自会为大众所诟病，而在其他领域的贪婪往往不被大家所关注。有的人今天做这样，明天又想做那样，后天又有新想法，结果往往一事无成。"甚爱必大费，多藏必厚亡。"

·2011-8-25·

#品牌进入死地则必死# 很多品牌，看上去很美，也有勃勃雄心，却身陷死地，自然不可能发展好。卖炭翁做炭制品合适，但做女性的睡衣似乎不妥。而开发炭制品的化妆品、牙膏之类的产品则更不妥。日化市场各品牌的势力范围早已划分，卖炭翁在没有任何品牌资产的情况下进入该领域即是"动之于死地"。

·2011-8-27·

加拿大

＃品牌不入死地＃ "出生入死。生之徒，十有三；死之徒，十有三；人之生，动之于死地，亦十有三。夫何故？以其生之厚。盖闻善摄生者，路行不遇兕虎，入军不被甲兵；兕无所投其角，虎无所用其爪，兵无所容其刃。夫何故？以其无死地。" 善于选择路线则不会遇到野兽，也就不会有被野兽攻击的机会，自然无危险。

·2011-8-27·

＃乔布斯：商界个人品牌的传奇＃ 乔布斯和苹果永远紧密相联，无论是过去、现在，还是未来，谈苹果必谈乔布斯，而谈乔布斯则必谈苹果。乔布斯创造了辉煌的苹果品牌，也创造了影响巨大的个人品牌。乔布斯一生充满激情，有着清晰的价值观和鲜明的个性，永不妥协，他只怀着创造苹果的传奇这一梦想而活。

·2011-8-27·

＃影响过深的个人品牌如何可持续＃ 任何时代都有个人英雄，但天才的乔布斯也挡不住自然的规律，终有一天会永远地离开苹果。没有了乔布斯的苹果会如何？苹果如何延续乔布斯的品牌性格，实现品牌的一致化？这是苹果新的管理团队必须解决的课题，也是个人品牌和产品品牌过深链接的企业所面对的共同问题。

·2011-8-27·

＃他被信念所驱使＃ 乔布斯很狂热，但我不赞同他是控制狂的说法，只不过信念坚定而已。因为他的思想比常人高，而无法被人理解。因为追求技术和艺术的完美结合，他坚持了苹果的封闭系统。如果没有封闭，哪来苹果今天鲜明的个性？当然，最终带给苹果巨大成功的还是在坚持个性的同时，建立了开放的平台。

·2011-8-27·

巴西

 # 品牌文化：慈、俭、谦 # 老子所讲的"我有三宝，持而保之：一曰慈，二曰俭，三曰不敢为天下先"，可以作为企业文化的指导。提升竞争力要靠管理，而管理的背后是文化。不同企业的文化有不同的做法，老子所提的慈、俭、谦可作为企业文化的最基本内核。如果做好慈爱、勤俭、谦逊谨慎，企业做不好才怪。

·2011-8-29·

 # 善用人者，为之下 # 我们都知道礼贤下士的道理，可是真正有几个人能做到呢？面对强于自己的人则可能自卑，面对不如自己的人则可能生出骄心。如此不可能成为领袖。能带领团队的领袖，无不是"为之下"。对人诚恳谦虚，充分尊重他人，才能赢得他人的尊重，才可能被他人追随。

·2011-8-29·

 # 善战者，不怒 # 高明的剑客在与对手对决时，一般都想激怒对手，人在愤怒时，受情绪影响，则可能变得不理智而露出破绽，高明的剑客就可利用对手的愤怒打败对手。保持平静的心境，才能让我们认识事物的本源，从而做出正确的决策。

·2011-8-29·

印度

 # 简单的道理都懂，难的是知行合一 # "知不知，尚矣；不知知，病矣。"高明其实很简单，要知道自己还有所不知。而不知道却自以为知道，就很糟糕。这样简单的道理其实大家都懂，问题是面对现实的工作和生活，多少人能够时时保持清醒的头脑，明白自己尚有多少事情不知道，从而真正心怀谦虚和敬畏？

·2011-8-29·

#哲学的冷，社会的痛#浙江大学 2011 年哲学系只有三名毕业生，足可显见大学生对哲学的冷漠。思想之美的哲学为何门前冷落鞍马稀？是社会的功利还是哲学本身的无奈，抑或是哲学教育的枯燥乏味？上世纪 80 年代，甚至是"文革"时期，曾有多少的青年学子在摇曳的煤油灯下谈康德、黑格尔？

·2011-8-31·

#严肃的哲学，你可以更温婉一些#这两年培训界有一超级牛人，号称"秒哥"，开班动辄上千人，蔚为壮观。上过其课的人很容易着迷，上完一门再一门，三天一门课收费至少两万元。如此火爆的秘密是他讲了一些观念，一些思想的火花，只是比一般人讲得更好听一些。社会其实很需要哲学，很需要思想。

·2011-8-31·

#梁晓声，久违了#偶读梁晓声的博客，勾起了对梁老师的记忆。初中时就喜欢读梁老师的小说，那个时代的一些作家，像路遥、史铁生、张贤亮等都是我非常喜欢的作家。尽管小时候在偏僻的农村，不能读到更多的作品，但就是仅有的几篇小说成了我最早的文学启蒙和精神食粮。

·2011-8-31·

#不生即无#"和大怨，必有余怨；报怨以德，安可以为善？"我的理解是，和解了怨恨，还会有余怨；以德报怨，还是不够妥当。最好是不结怨，就不存在解怨；最好是不生怨，也就不存在以德报怨了。我们常说要学会控制情绪，殊不知最好的办法是不让情绪生出。因为有情绪而强压着，是要受内伤的。

欧盟

·2011-8-31·

 # 真实、简单、直接 #"信言不美，美言不信。"老子的思想在广告的创作上具有现实的指导意义。被海量商业资讯淹没的现代人早已对广告宣传具有免疫力，华而不实的宣传已经起不到多大作用。今天，我们需要拿出基于产品或品牌的真实诉求点，真实、简单、直接是创作的要旨。背离了这三个原则，不太会成功。

·2011–9–1·

 # 舍去得心 #"圣人不积，既以为人己愈有，既以与人己愈多。"这种境界似乎太高，真理往往如此，很简单，就是不易做到，但它的确就是这样存在着。我们常说"舍得"的意思是先舍后得，其实最高境界是"舍去得之心"，先舍后得毕竟还是功利的行为。如果一个人在生活中能够舍去"得心"，就真的会让很多人感动。

·2011–9–1·

 # 品牌和社会都需要美丽的理想 #"小国寡民，邻国相望，鸡犬相闻。"我们常批判老子的小国寡民思想，面对波诡云谲、诸侯争霸的乱世，很多人除了抱怨什么也不会做。而正是有一批人怀着一份美好的理想才推动着社会前进。品牌也如是，假冒伪劣能获得短暂的暴利，有一份坚持和理想的人最终能够成就品牌。

·2011–9–1·

 # 能承担多大责任才能成就多大事业 #"受国之垢，是谓社稷主；受国不祥，是为天下王。"如果一个人只能对自己负责，则最多能管好自己；如果他能对十个人负责，就能带领十个人的团队；如果他能对天下人负责，就能服务于天下人，成非凡之功者皆如此。所以，胸怀尽可能宽一些，格局尽可能大一些。

·2011–9–4·

联合国
United Nations（UN）

 # 柔韧才有生命力 # "人之生也柔弱，其死也坚强；草木之生也柔脆，其死也枯槁。"人活着的时候身体很柔软，死了就变得僵硬；草木生的时候也有韧性，死了则枯干坚硬。这是很有意思的现象，背后蕴含的道理也值得思考。大到国与国的政治博弈，中到企业的运营，小到人与人的相处，保持柔韧才有生命力。

·2011-9-4·

 # 大自然美在何处 # 一片郁郁葱葱的山坡，各种树木和杂草或高或低相间着生长；山坡下面的庄稼地里的庄稼和地边的杂草相伴着生长；轻微的风声与鸟鸣声相和着传来，大自然呈现出祥和的大美。大自然之所以美，或许就在于它对所有动植物不偏不倚，任由它们自由自在地生长，物种丰富、多姿多态、充满活力。

·2011-9-4·

 # 自由自在，最高境界 # 每次面对自然的山川原野，都会有一种很难描述的感觉，是一种温暖，是一种快慰，是一种对生命的欣喜。与面对人造景观时的麻木、生硬的感觉截然不同，我想根本的原因就是它们在自由自然地生长。有多少企业、品牌是在自由自然地生长呢？或急功近利而拔苗助长，甚或假冒伪劣而祸害百姓？

·2011-9-4·

 # 宽广的大道 # 看上去平静的老子一定经过惊涛骇浪，看上去不争不为的《道德经》一定是阅尽人间争斗、杀戮、权谋、机变、偷盗、不公等现象后的理想抒写。或许有人讲老子是消极的、避世的、站在统治阶级立场的或者是同情老百姓的等等论调，我以为都没有真正明了道德经的内蕴，也没有明了老子的宽广境界。

国际劳工组织
International Labour Organization
（ILO）

·2011-9-5·

 # 道的本源与终极意义 # 很有可能老子对现实很不满，也对现实很无奈，他也同如今忧国忧民的青年一样苦苦思索国家、社稷、人类的未来，但老子的目光很锐利，他看到了遥远的未来；老子的思想很深邃，他看到了事物的本真；他做过无数次假设，设想过无数解决方案，但他一定是看到了事物本身的悖论，而只能用"道"来表达乌托邦式的理想。

· 2011-9-5 ·

 # 花招盛行 # 越来越觉得这是一个技巧泛滥的社会。技巧很实用，技巧很功利，为什么大家愿意学技巧，因为可以立竿见影，收到实效。但或许正因为短暂的功利会让我们迷失方向，忘了真正应该去到的地方。世界一定有一个普遍的规律存在着，探求到这个规律，顺应这个规律，自然而然会取得更大的成果。

· 2011-9-5 ·

 # 房价回归理性是必然 # 有人预言明年三月将取消房产限购，政策将趋向宽松。我的观点是未来的房控将越来越严，不用挖空心思与政府展开博弈，这次开发商谁跑得快谁就活。道理很简单，不正常的现象不可能持续很长时间，社会最终要回到理性与正常的轨道上来。

· 2011-9-5 ·

 # 故事传播，品牌最经久的营销工具 # 康熙少年时曾得一怪病，全身红疹，御医治疗无效。康熙心情郁闷微服出宫散心，偶然在一小药铺找郎中开了很便宜的大黄，遵医嘱沐浴，三日便痊愈。康熙写下"同修仁德，济世养生"评语，并送一大药堂，名曰"同仁堂"。有帝王作证，故事不胫而走，同仁堂名声大噪，历三百年兴盛不衰。

· 2011-9-9 ·

联合国粮食及农业组织

#爱国者品牌的哥窑相机必败#去年6月得知爱国者发布哥窑数码相机，当时就感觉完了，又一个还算成功的品牌又要失败在品牌发展的路上了。果不其然，现在哥窑相机惨败！更为严重的是，这一年多的时间，爱国者数码相机的研发和推广资源大部分被哥窑占去，市场大部分萎缩，数码产品失去一年时间就等于死。

·2011-9-9·

#哥窑相机，幼稚的品牌狂躁者（一）#冯军梦想打造天价的哥窑相机，从售价1666元开始，不到一年就涨到26666元，他的目标是66万元。当然，这只不过是一个患有狂躁症的品牌幼稚者的妄想而已。他违背了品牌的最基本规律。因为数码相机第一价值是质量，第二才是外观，第三才是品牌，性能是消费者最看重的。

·2011-9-9·

#哥窑相机，幼稚的品牌狂躁者（二）#相机发展一百多年，早已形成了品牌格局，各类型相机都有了各自的核心价值和客户群。数码时代，经过数番激烈的市场洗礼，很多著名的品牌消失了，剩下的都是相机品牌大鳄。在数码相机领域，爱国者是全世界最低端的，它是最低端数码相机的代名词，但它定价却是高端。

·2011-9-9·

#哥窑相机，幼稚的品牌狂躁者（三）#用奢侈品的价格卖低端货，品质和定价产生了天壤之别的背离！这是其失败的原因之一。原因之二是把数码产品定位为奢侈品本身就是错误的。奢侈品具有相对稳定的品质，这是炫耀或传承的基础，而数码技术日新月异，一个过时的低像素低品质的拍摄工具，凭何传承？

·2011-9-9·

 # 哥窑相机，幼稚的品牌狂躁者（四）#冯军的想法很天真，相机品质不好，那就给它穿件高贵的外衣吧。奢侈品牌的建立怎会如此简单？就如同一个人，给他穿上白大褂就会变成医生吗？而且还是医术超群的神医？除提升技术外，注重外观设计，定位为廉价而时尚的数码相机第一品牌也许是爱国者相机的出路。

·2011-9-9·

 # 茅台五粮液在学奢侈品策略#中秋前五粮液涨了价，茅台也不甘落后，国庆前也来涨一回。两家企业如影随形，彼此跟风，又似乎是早有合谋，心有默契，共同推高高端白酒价格。高端白酒市场流行一句话，买酒的不喝，喝酒的不买。死死抓住这一根本，怎么涨都不怕。涨价是国际奢侈品的常态策略，每年必涨。

·2011-9-19·

 # 初中女生借势李大少爷?#李双江之子打了人，这件事闹得沸沸扬扬，浪费了中国人不少无聊的时间。在打人事件快淡出公众视野时，不想又来一猛料，据称是李大少爷初中女友的艳照在网上疯传。 是否又是一个网络推手在推娱乐新人？这年头，懂得借势营销的人太多，初中女生、艳照、李大少爷，够料！

·2011-9-19·

世界卫生组织
World Health Organization
（WHO）

 # 餐饮脸谱不靠谱#近来，食品安全事件层出不穷，闹得中国人都不知道该吃什么了。此时，国家食品安全监督管理局要求餐饮企业要根据检查结果挂上笑脸、平脸和哭脸卡通标识。我们能理解管理当局的用心，但这玩意儿真有用吗？标准科学吗？评定公平吗？评定会有新的权力寻租吗？消费者认吗？

·2011-9-19·

 # 实体书店和网购会长期共存 # 网购买书便宜方便，原以为会对传统书店产生致命的冲击，而事实上实体书店目前的生存状况良好。究其根源在于实体店能给读者带来独特的体验，书店的氛围会让喜欢书的人流连忘返，原本不打算买书的可能买了，原来打算买一两本的可能买上好几本甚至更多。

· 2011–9–26 ·

 # 创造消费者独特的体验是未来营销最重要的策略之一 # 人在思考的时候都是理智的，是受显意识支配的；而人在行动时往往是不理智的，是受潜意识支配的。研究促销不能仅研究消费者的表层意识，而应深入潜意识，找到支配购买行为的潜意识而采取相应策略方可致胜。

· 2011–9–26 ·

 # 《市场导报》改版改得四不像 # 今年下半年《市场导报》改版了，原来以财经为主导的思路似乎发生了很大的变化。从品牌建设角度来看，《市场导报》这种改版值得商榷。我翻过一期，没看具体内容，但有几点印象很深，一是增加了商海 MM 的评选，二是增加了征婚的栏目，三是头版也用了大幅 MM 照片吸引眼球。

· 2011–9–26 ·

世界银行（WBG）

 # 《市场导报》应立足财经报 # 《市场导报》改版前定位为偏财经报，改版后的报纸似乎想生活化一点，样子似乎在学《钱江晚报》《都市快报》等都市报。《市场导报》搞生活，搞得过都市报吗？画虎不成反类犬的结果可能就是既找不到新读者又丢了老读者。《市场导报》应立足影响巨大的浙商，深度挖掘，做成更专业的财经报。

· 2011–9–26 ·

#又快了，又坏了 #上海地铁又出事了。这年头似乎不太平的事太多，昨天发生的还没处理完，今天又迫不及待地发生了。这几年中国的速度引世人艳羡，其实可以慢下来。速度过快，很多东西会粗糙。精致的生活、产品、品牌是要慢慢地雕琢、打磨和经营的。

·2011-9-27·

#温州企业家跑路，符合客观规律 #上帝要让谁灭亡，必先让其疯狂。这些年温州企业核心的关键词就是"炒"，炒房、炒煤、炒油、炒棉花等等，炒的结果是什么？根本不能增加任何的社会财富，只是鼓了炒家的口袋。但是，好事不可能永远发生，最终的苦果还是要始作俑者亲尝。这就是世界的客观规律。

·2011-9-28·

#恐怕最浮躁的就是温州商人 #据我了解，温州商人大多不愿经营实业。很多企业的实业这些年并没有实质性增长，而更多的是在倒退。温州商人喜欢玩的模式是把实业作为融资的平台，然后放高利贷，或炒房或炒其他。这种模式收益高，来钱快。做实业管理复杂，操心的事多，所以，没有多少人愿意做。

·2011-9-28·

国际货币基金组织
International Monetary Fund
（IMF）

#商人的人文精神缺失必败无疑 #很多企业的失败，归根结底都是企业家人文精神缺失造成的。企业家掌握着较多的社会资源，本应承担更多的责任。但是，有一部分企业主老是想着暴利、想着赚快钱，压根儿没有想到应该造出真正有价值的产品，应该对消费者负责，对员工负责。你不负责，老天怎么会对你负责？

·2011-9-28·

#温州商人,你何时成为企业家#商人就是会经商的人,我们常这样理解。而企业家则是经营产业、事业,同时也经营自己人生的人。这两者有着质的区别。不具备企业家精神的商人唯利是图,目光短浅,往往看重眼前,而忽视长期的经营。"言之无文,行而不远",写文章如此,经营企业更是如此了。

·2011-9-28·

 # 温州商人,你何时开始做品牌 #温州商人的成功,从某种意义讲是得益于他们早年的大胆开放,其独特的温州发展模式成就了"温州"这个地方品牌。这些年温州商人普遍受益于这一品牌,也在透支着这一品牌。温州这些年并未产生多少真正有影响力、有很大价值的产品品牌或企业品牌。

·2011-9-28·

国际民航组织
International Civil Aviation
Organization

2011.10—2011.12

 # 全面制胜，还是局部突围 # 国家品牌的建立因各国资源禀赋不同，宜采用不同的策略。国土面积大、人口多的国家，宜采用综合发展的战略，谋求全面均衡的发展。比如，中、美、俄等大国，都应从政治、经济、文化、教育等各方面齐头并进。国土面积小、人口少的国家，宜重点发展优势产业，比如顶级手表让瑞士名满天下。（2011-12-28）

种瓜得瓜，种豆得豆

#悼乔布斯#乔布斯同志的离开，让我们更加看清楚了创新主义的本质，也唤醒了那些崇尚照搬照抄的青年们。我们相信，乔布斯同志不会白死，他永远活在我们心中。我们相信，他的离开不会带走创新的精神，我们将化悲痛为力量，继续在创新的路上大踏步迈进，我们的理想一定会实现。安息吧，乔布斯！

·2011-10-7·

#向柯达致敬#柯达是一家智慧而勇敢的公司。 1975年，柯达公司制造出第一台数码相机，从而引领了数字影像的大潮，也吹响了终结胶片的号角。 尽管在数码影像时代，柯达落后了，但我们依然应该向它致敬，它开创了一个全新的时代，改变了我们的生活！

·2011-10-9·

#他们的创意能让乔布斯汗颜#杨金德被南阳警方刑讯逼供一事引起广泛关注后，我们才发现南阳警方的创意太牛，把人关到特制的笼子里，露出头部，让警犬来舔脸，名为"鬼洗脸"；让人戴上数十公斤的脚镣手铐后，和狗关在一起，名为"与狼共舞"。 将来还会有啥独领风骚的创意？

·2011-10-10·

国际电信联盟
International Telecommunications
Union(ITU)

#警惕高端赝品#某年统计，北京市当年五粮液的销量是五粮液公司当年的产量。那么，全国其他城市售卖的五粮液呢？芝华士进口价仅十五元人民币，而售价是多少？在浙江某地发现了制作鲍鱼的模具，可以想见餐桌上的高档食品是啥玩意儿？而近日听说某省的省级领导酒宴上流行喝白开水。林林总总耐人寻味。

·2011-10-13·

#马云，店大欺客#淘宝商城推出了新政，大幅度提高服务费和保证金，引来广大中小卖家的抗议。而马云也以一贯的傲慢发表了冠冕堂皇的说词，把自己整得很高尚——为推动建设商业诚信作巨大的开拓性的努力，甚至甘愿为之冒险。他一直把自己当成教父。店大欺客，客大欺店。马云也只是个商人！

· 2011–10–13 ·

#绿城兰园，失败的定位（一）#绿城兰园一开始就错了。尽管绿城号称由四季酒店御用设计师设计，齐聚了德国嘉格纳、德国米勒、法国帝驰、德国库博士等世界顶级奢侈品牌，据说配的洗衣机洗爱马仕的丝巾都没有问题。但靠环城北路主干道，53000余元起步价，在楼市调控的大环境下肯定鲜有问津者。

· 2011–10–14 ·

#绿城兰园，失败的定位（二）#拿兰园所在地块，宋卫平以为像楼市疯狂的时代一样，高品质的楼盘定会有买主。可是，兰园生不逢时，遭遇史上最严调控，楼市迎来长久的严冬，购房者变得异常理性；兰园又生不逢地，处于环城北路与环城东路两条最拥堵的干道侧，开发豪宅并不合适，能花千万购房者必定非常看重环境。

· 2011–10–14 ·

#海盗党出现# 2006年，"海盗党"发源于瑞典，很多欧洲国家由此建立了"海盗党"。在今年9月德国柏林的议会选举中，"海盗党"15名候选人全部当选。从品牌的角度看，其成功有其必然性。表面上看，他们是由玩新游戏、用苹果手机、穿新潮服饰的年轻人组成，用脸谱、推特等新媒介宣传，用广告创意表现。

· 2011–10–17 ·

世界知识产权组织
World Intellectual Property
Organization(WIPO)

 # 海盗党的品牌 # 比如设计"私有化宗教"等吸引眼球的话语。深层次看，是沉闷的传统政治氛围遭遇新生代年轻人的挑战。他们有鲜明的政治诉求，比如网络信息透明、政府行政透明、改革版权制度等。反观我们的品牌，有自己鲜明的价值诉求吗？诉求的形式新颖吗？苍白的理念和乏味的形式怎能吸引人！

·2011–10–17·

 # 千呼万唤，佳能出了个 1DX # 2007 年，佳能旗舰 1DS3 出品，像素 2100 万。四年过去了，佳能迷盼望着更高像素更好性能的 1DS4 发布。但千呼万唤出来的是 1DX，1800 万像素，连拍速度 14 张 / 秒且是全画幅。我想这是佳能针对明年奥运会发布的产品，只是原来 1D4 的升级产品，将来可能不会开发非全幅的 1D 系列。

·2011–10–20·

 # 下一步，佳能可能会发布 1DSX # 佳能公司一贯策略是 1D 系列追求速度优先，主要用户为记者；1DS 系列追求画质像素优先，主要用户为商业摄影师。新发布的 1DX 拥有 1800 万像素，仍主要针对强调速度的记者。1DS3 的像素早在四年前就做到了 2100 万，佳能接下来很可能发布 1DSX，3600 万像素，客户对象是商业摄影师。

·2011–10–20·

 # 向魏明伦致敬 # 今天在四川隆昌县参观石牌坊，重读魏明伦先生撰写的《牌坊赋》，觉得太美了。"精致隆昌小县，雄伟川东大门。青石之城，正当六路要冲；白鹅之邑，常获四方美誉。半世孤灯，照出满头白发；一生痛苦，换来两笔朱批。贞节牌坊，压抑多少人性；朝廷旌表，扭曲无数灵魂。"

·2011–10–22·

第三十届奥运会
开幕时间：2012 年 7 月 27 日
举办地：英国伦敦

#鬼才如何练成#魏明伦，人称巴蜀鬼才，以"九部大戏、几卷杂文、两打碑赋"扬名天下。个不高，为正宗"袖珍型男"，自我介绍："三尺童子，一介书生，忽智忽愚，且贫且病，屠龙有术，缚鸡无力，或钩或剑，可屈可伸。"天性豁达开朗才能如此自嘲，能够如此自嘲方能专注所长，唯有专注方成今日之鬼才。

· 2011-10-22 ·

#房地产的发展应验了我的预见# 11月7日，温家宝在俄罗斯强调，对于房地产一系列的调控措施，绝不可有丝毫动摇。"我们的目标是要使房价回归到合理的价格。"温家宝这样一句温暖老百姓、让老百姓看到希望的话来得太迟了，但至少说明中央看到了地产问题的严重性，从而制定更严格和更完善的地产市场管控措施。

· 2011-11-10 ·

#公开公平公正，是成熟社会的特征#地产畸型的发展完全背离了上述原则。最早的地是不用公开拍的，领导批条子即可；后来要拍了，又发明了串通围标的招数，也不公正；炒房团介入，推高房价，狂赚一票后马上闪人，让真正需要买房的人付出更大的代价，让本就不公平的社会更不公平。房价合理，就是接近三公。

· 2011-11-10 ·

#公关超级大师阿里巴巴#年初的卫哲辞职事件，着实让阿里巴巴持续火热了一阵子。在马云祭出企业价值观这一杆大旗后，丧失思考力的媒体马上把这一行为上升到了重塑中国商业伦理的高度。而在我看来，这其实是为了重新夺回消费者的眼球。去年发力的团购网及其他提供增值服务的网企对阿里巴巴形成巨大的挑战。

· 2011-11-10 ·

Beijing 2008

第二十九届奥运会
开幕时间：2008年8月8日
举办地：中国北京

 # 向马云学公关（一）#最美妈妈现在才轻松了一些，从事情发生到现在，最美妈妈都是热门话题，吴菊萍获得了很多的奖项，浙江省的主要领导都前往探视，各种媒介一起发力争相报道，韩美林先生也以此创作了"最美妈妈"雕塑。接小孩事件本身，其实是出于母性的本能，远不及面对手握尖刀的歹徒而冲上前的人更勇敢可敬。

·2011-11-10·

 # 向马云学公关（二）#但是事情到了吴菊萍身上就显得与众不同，可能主要原因是她是阿里巴巴的员工，马云是公关秀的超级高手，今年以来阿里巴巴遇到不诚信等挑战，而接小孩事件对阿里巴巴来说正是天赐良机，马上出手20万奖励，在背后积极策划，是真正的幕后推手。当然，并不是说吴菊萍不该褒扬。

·2011-11-10·

 # 房地产回归合理是国人之幸，也是国家之福#原因有三：一是更多的老百姓可以有房住了，中国人安土重迁，自古安居才能乐业；二是国家不会被房地产利益集团绑架，今后总理说了会比总经理说了更算数一些；三是国家的产业布局和发展会更健康，更多的资金会投入到其他行业，促进产业全面健康发展。

·2011-11-12·

ATHENS 2004

第二十八届奥运会
开幕时间：2004年8月13日
举办地：希腊雅典

 # 房地产回归合理是国人之幸，也是国家之福#房地产行业回归到一般行业的利润水平后，社会投资将会分散到其他行业特别是一些高科技行业，有利于国家产业升级和产业布局更均衡，也有利于国际竞争力提升。另一方面，老百姓从买房中省下的钱，又可以购买更多更好的产品和服务，提升生活品质的同时扩大内需。

·2011-11-12·

总理说了算还是总经理说了算，是一个值得玩味的话题 #总理说了算还是总经理说了算，从一个侧面反映了前段时间房地产调控所面临的尴尬。事实上，总理和总经理是不相干的两个层面的主体，在一个法制完善和成熟的社会，总理怎么说和总经理怎么做似乎没有太必然的关联，更不会引来全国的批评。法律说了算。

· 2011-11-12 ·

"海"要有胸怀，"川"更要有格局 #友人指定书写"海纳百川"送他。"海纳百川，有容乃大"是母校四川大学的校训，也是英雄林则徐的自勉联句。以前仅以为指海的低姿态，在写字时悟到，海能纳百川成其大，也需要川的大格局。多年不写字，贻笑方家了。感谢友人索字，让我悟到这一点。

· 2011-11-16 ·

"创新型金融综合服务商"：正确的废话 #在品牌广告语或定位上有太多的正确废话，何谓创新？综合有什么特征？就如同评价一个人很优秀，但基本上等于没有说，因为优秀是一个很含糊的词语。品牌定位和广告语的表述一定是个性的，或可以感知的，或具体的，或形象的，或者一定要体现与众不同的核心价值。

· 2011-11-17 ·

义为上，和为贵 #宋代大儒邵康节："唐虞揖让三杯酒，汤武征诛一局棋。"上古时的尧舜禹揖让禅位，把酒言欢；而后世不古，常动用征诛的手段。几千载而下无不如此。竞争惨烈的商场，每天上演着多少品牌之间的杀伐？

· 2011-11-22 ·

Sydney 2000

第二十七届奥运会
开幕时间：2000年7月19日
举办地：澳大利亚悉尼

#政治家要有历史感和使命感#台湾大选又拉开了帷幕，各党派八仙过海各显神通，绞尽脑汁想出种种招式为选战造势。而大陆关系是各方都绕不开的问题，蔡英文还主打台湾共识牌。要成为有作为的政治家，一定需要有两种意识，即历史感和使命感。目前台湾各派领导人这两种意识都欠缺，因而成不了流芳青史的政治家。

·2011–12–4·

 # 政治派别也需要清晰的立场和价值诉求#台湾各政治派别，使命感不太清晰，马太想各方都不得罪；蔡提出台湾共识但没有清晰的内容支撑；宋走倒马路线但主张也不鲜明。从品牌的角度来讲，越清晰的立场越清晰的价值诉求，越能赢得消费者和市场的认同。

·2011–12–4·

 # 台湾各政客极其缺乏历史感#政治如果没有站在历史的高度和历史的长度来看待，因应的策略都将是短视和短暂的。假设台湾真的独立了，它能离得开大陆吗？独立后的台湾将比任何时候都依赖大陆。这些年大陆为台湾回归而做了太多的示好，独立了还会有这些吗？况且大陆能让台湾独立吗？

·2011–12–4·

#演讲的本义：会讲，更会演#演讲可以分为两个层次，一是会讲，二是会演。会讲要求逻辑结构清晰，引用案例恰当，观点表达准确，语气从容自如。但这只是基本功，高级功既要会讲，更要会演。有研究表明，演讲的影响力文字表达占7%，语言占38%，肢体语言占55%。大师演讲，如松的站姿、强力的手势、丰富的表情、抑扬的音调，即便内容普通也能感染人、打动人。

·2011–12–6·

第二十五届奥运会
开幕时间：1992年7月25日
举办地：西班牙巴塞罗那

 # 品牌就是坚持的结果 #几年前收到磐石公司的小报，铜版纸印刷，设计档次极低，内容及文字均无可圈可点之处。刚收到最近的一期内刊，策划已经很有思路，设计也上了档次。坚持，坚持，还是坚持。做啥事都需要坚持，做品牌更是如此。品牌就是坚持的结果，坚持自己的价值观、坚持自己的愿景。

·2011-12-8·

 # 比尔·盖茨搞核电 #比尔·盖茨有三个理想，一是让每个人都拥有一台电脑，用上 WINDOWS 系统；二是消灭艾滋病、结核病和疟疾，让每个人都有平等的医疗机会；三是让穷人用上清洁、经济的电，解决日益严峻的能源问题。如果说微软是其着力打造的公司品牌，而致力于医疗和能源革新则是其完善自我品牌的好选择。

·2011-12-9·

 # 争于明可暂露声名，治于神可成长久品牌 #墨子既智且勇地说服了楚王及公输班不再伐宋，回来路过宋国，天下了雨，墨子想进巷子躲雨，守门的人却不让他进去。"治于神者，众人不知其功；争于明者，众人知之。"品牌之道也如是。如追求短暂的表现，则可争于明；而墨子治于神，则终成流传千古的个人品牌。

·2011-12-9·

第二十四届奥运会
开幕时间：1988 年 9 月 17 日
举办地：韩国汉城

 # 超市品类分区的改革 #超市传统的产品分区售卖是以品类来划分不同的区域，从而集中陈列，方便顾客更容易找到想购买的商品。这一做法只考虑了顾客已有的购买需求，而忽视了激发顾客新的更多需求。更好的做法是在以品类划分的同时，以顾客分类来摆放一部分商品，激发起新的购买行为，从而增大销售额。

·2011-12-12·

 # 品牌的根本 # 公输班用竹子做了只鸟儿，飞到天上三天都不落下来，很是得意。墨子对他说，我用三寸大小的木块做成的车辖能承受五十石的重量，因此制造的东西要有利于人的才是巧妙，没有益处的就是笨拙。"利于人谓之巧，不利于人谓之拙。"品牌的根本也在于能为消费者提供真正的价值，或物质或精神。

· 2011-12-12 ·

 # 多少品牌考虑到了义（一）# 史记认为公输班就是鲁班，他技术高明，自视甚高，刚开始对墨子很是不屑，后来心悦诚服。公输班对墨子说，我没有见到您的时候想得到宋国，见到您后即使把宋国给我，如果不符合义的话，我也不要。墨子说，你不要，可我还是要把宋国送给你，只要你努力做义事，我还要把天下送给你。多少的品牌考虑到了义？

· 2011-12-12 ·

 # 多少品牌考虑到了义（二）# 鲁国南部有个人叫吴虑，冬天做陶器，夏天耕种，自比于舜。墨子去见他，他对墨子说，你不过就是那一套义罢了，没啥花头。墨子说，即使我耕种得再好，也不能帮助天下人吃饱肚子；即使我织布再多，也不能帮助天下人穿得暖和；即使我披挂上阵，也无法抵御敌军；如果我把"义"推广开来，作用会大得多。

· 2011-12-12 ·

Games of the XXIIIrd Olympiad Los Angeles 1984

第二十三届奥运会
开幕时间：1984 年 7 月 28 日
举办地：美国洛杉矶

 # 多少品牌考虑到了义（三）# 在墨子弟子公尚过的游说下，越王想请墨子来辅佐，准备拿出故吴国之地五百里封墨子，并派了五十辆豪车去迎接。墨子问公尚过，越王的志向如何？听不听我的道义啊？我去了量腹而食、度身而衣，自己当成普通的臣子，根本不是为封地啊。否则，我去了就是出卖了我的义。都是卖，卖给谁不一样，干嘛卖给越国呢？

· 2011-12-12 ·

 # 多少品牌考虑到了义（四）# 墨子问吴虑，教人耕种和自己耕种哪个更好？答教人耕种更好。墨子又问，攻伐不义的国家，是擂鼓使众兵前进战斗好呢还是不擂鼓使众兵前进而独自前进作战的好？答擂鼓使众兵前进作战更好。墨子说天下很少有人知道义的，如果擂鼓能让天下人都知道并做到义，我的义不是更进一步了吗？

· 2011-12-12 ·

 # 鲁班有点狡猾（一）# 幼时读书知鲁班发明锯子，是木匠的祖师爷，自小心目中鲁班就是乡村木匠的老实形象。读墨子原文，却发现鲁班却有点小小的狡猾。墨子从道理上说服鲁班和楚王不要伐宋，但他们仗着鲁班发明的云梯这种先进的装备执意伐宋。墨子就拿出腰带，直接在沙盘上演练红蓝军对阵，结果鲁班九战而败。

· 2011-12-17 ·

 # 鲁班有点狡猾（二）# 鲁班对墨子说，我其实是有办法胜利的。游走四方身为黑老大鼻祖的墨子当然一眼就看出一个木匠的小九九，说，我知道你的办法是杀了我。呵呵，老夫早有防备，我的得意门生禽滑厘正领着三百多弟子在宋国拿着我的守城器械等着你们呢。鲁班推演不胜想杀墨子，一下就消解了心中鲁班的形象。

· 2011-12-17 ·

Игры
XXII Олимпиады
Москва
1980

第二十二届奥运会
开幕时间：1980 年 7 月 19 日
举办地：苏联莫斯科

 # 郑强先生的演讲（一）# 郑强先生与我同是四川大学校友，重庆人，算是半个老乡。曾专程去办公室拜访过他，听过他言辞凌厉的谈话，但近距的沟通是种感觉，双向互动其杀伤力尚不能完全体现出来。而昨天现场听他在浙江大学的一场略显匆忙的演讲才让我感到他演讲的魅力和强大的感染力。

· 2011-12-20 ·

 # 郑强先生的演讲（二）# 郑强先生演讲有几个特点：一是做了充分准备，看似随手拈来的例子应该是精心挑选的；二是俗到极致，但俗得有分寸，俗得有味道，所谓大俗即大雅，大雅即大俗；三是简单而直接，我们太多老师演讲的语言仍旧似在写文章，看似很美而实际的打动力不够；四是开场即造势，形成强大的压迫力，一开始就以文字报道、图片和视频等手段介绍自己，巧借他人之力；（续）

·2011–12–20·

 # 郑强先生的演讲（三）# 五是娴熟运用比方、暗喻等技能，但我以为这些并不是从书上学来的，而是经验的累积，或曰天才；六是他充满激情，这是成功演讲者必备的品质，他讲着讲着就会站起来，或在台上走动，动作的幅度也很大，他会完全进入自己所讲的情景当中；七是他有一份基于爱的信念。

·2011–12–20·

 # 郑强先生的演讲（四）# 这也是支撑他演讲才能发挥的核心。他拥有太多的头衔和职务，除在其高分子专业领域颇有建树外，在书法、音乐、传统文化、教育、演讲等方面也具有杰出的才华。但他会每天去母亲病床前伺候，会为买不起车票回不了家的学生买票，会因为民族自强的信念而以奇瑞公司出产的东方之子为座驾。

·2011–12–20·

Munich1972

第二十届奥运会
开幕时间：1972 年 8 月 26 日
举办地：德国慕尼黑

 # 少则得，多则惑# 尽管一直在思考和研究品牌，却不太用新潮的产品，也不太跟潮流走。比如极流行的 iPhone、iPad 等。苹果是我很欣赏的公司，乔布斯也是我极仰慕的天才，但对其产品我却没有使用的兴趣。新的工具固然会带来便利，但也可能被绑架，消磨更多的时光。

·2011–12–26·

 # 简洁赢得市场 #苹果成功的很重要的原因也是遵循了
"少则得，多则惑"的原则。苹果产品的外观设计、界
面设计极简洁。苹果特立独行的路线一直没有变，它不
会因为一时的销售或市场的改变而改变，坚持自己的理
念和原则而最终赢得了尊重，也就赢得了市场。

· 2011-12-26 ·

 # 乔布斯的行销技术和演讲艺术也遵循了简洁的原则 #
乔布斯在一次展示 SAFARI 浏览器时，在舞台上用两
个浏览器同时加载了 IE7 和 SAFARI 浏览器，完成任
务时前者用了 13.56 秒，后者用了 6.64 秒。S 浏览器有
更多的卓越功能，而他只关注"快"这个特性。因为有
时说得越多，观众接收的反而越少。据说乔布斯的幻灯
片数量极少，里面的配图和文字皆极精练。

· 2011-12-26 ·

#样板工厂变身为样子工厂#跑得超快的蒙牛又出问题，
被查出黄曲霉毒素 M1 超标 140%，这玩意可是强致癌
物质，蒙牛自诩的全球样板工厂不经意间变成样子工厂。
蒙牛这几年发展很快，也很会公关，通过各种通径讲述
着蒙牛的传奇故事。几年前写过一篇名为《蒙牛内幕的
内幕》博文，不想现在又曝出一个病毒内幕来。

· 2011-12-26 ·

 # 向追梦者致敬 #"亲爱的，你好 / 电波载着你的脚步 /
来到我的手上 / 一句熟悉的问候 / 淹没了我眼里 / 全部
灯光。"这样的文字出自苏州大学的保安王丁强之手。
他为了文学梦走过很多地方，换过很多工作，但不变的
是对文学的情怀。如果他能在坚持文学梦的同时，在工
作上也同样坚持和坚守，他的个人品牌就会更好。

· 2011-12-26 ·

第十四届奥运会
开幕时间：1948 年 7 月 29 日
举办地：英国伦敦

 # 一万小时的成功定律 # 西方有研究表明，在任何领域要做出杰出的贡献，成为世界级大师的水准，需要一万小时的练习。中国的古人们早就得出了"台上一分钟，台下十年功"的结论。这一规律古今中外都是相同的。问题在于，多少人可以坚持，可以持续努力，而且是全神贯注集中精力，而不是心浮气躁心多旁骛？

·2011-12-27·

 # 全面制胜，还是局部突围 # 国家品牌的建立因各国资源禀赋不同，宜采用不同的策略。国土面积大人口多的国家，宜采用综合发展的战略，谋求全面均衡的发展。比如，中美俄等大国，都应从政治、经济、文化、教育等各方面齐头并进。国土面积小人口少的国家，宜重点发展优势产业，比如顶级手表让瑞士名满天下。

·2011-12-28·

 # 向网络推手学习 # 网络江湖隔三差五就会发生一些炒作事件，不断涌现出具有革新精神的网络潮人，网络背后的创意推手太多，其手法也极高，几乎到了不择手段、不要脸皮的超高难度。而专吃这口饭的品牌策略和广告创意公司似乎应该响应号召，与时俱进，向他们学习，扔掉任何条框束缚，唯以出名为第一创意原则。

·2011-12-28·

 # 美女主播拟睡服 100 男 # 美女睡服一百男，真是绝妙的创意。啥叫创意，就是一般人想不到，不敢想，想到了也不敢说不敢做。就技术层面讲，这个创意不错，睡服嘛，用睡觉引诱别人被说服，谐音且符合逻辑。创意的结果让我们知道了她叫伍思贤。不过，网民还是误解了她拯救男人的高尚行为。

·2011-12-28·

EXPO 2012
YEOSU KOREA

2012 年韩国丽水
世界博览会

 # 品牌的核心是责任 #前两天曝出蒙牛液态奶中含有强致癌物质，今天又有报道意大利橄榄油中掺有非洲进口的劣质油。这个世界到底是怎么了？马克思所批判的肮脏资本在一百多年后依然没有清白。投机成不了品牌，假冒伪劣更成就不了品牌。因为它们都在追逐短期利益，根本没有考虑为社会和他人负起责任。

·2011–12–29·

 # 新闻背后 #杭州的世纪联华超市从昨天起营业时间调整为 16 小时，从早上 8 点到晚上 24 点。写此报道的记者似乎没有啥别的想法，仅仅是年关的一则常规新闻而已。老百姓似乎也没有觉得会对自身利益将造成啥潜在损失。大型商超的发展对中小商店构成了极大的威胁，中小商家不能生存，就会产生垄断，而最终消费者将为此买单。

·2011–12–30·

 # 互补的竞争 #为减小大商超对小商店的威胁，让小商店与大商超形成互补的市场，欧美发达国家均颁布了相关的法律，对大型商场的数量和经营时间进行严格限制。中国有必要尽快出台此类法律。而除与发达国家相同的原因外，中国还有另外一个重要原因——很多地方重复建设大型商场（市场），造成了大量资源浪费。

·2011–12–30·

#24 小时便利店正是制衡大商超的一种业态（一）# 一个成熟的商业社会需要大中小市场共同存在，避免垄断，这样既能增加就业，又能保证消费者买到便宜的产品。一些发达国家都颁布了类似日本《大店法》的法律，限制大商超的数量和营业时间，以保护中小商店的存在，从而避免大商超以超低价先干掉小商店，形成垄断后再提价。

·2011–12–31·

EXPO ZARA GOZA 2008

2008 年西班牙萨拉戈萨
世界博览会

#24 小时便利店正是制衡大商超的一种业态（二）# 此时，同区域内没有它的对手，大商超涨起价来就很方便了。在形成垄断前，我们的确能享受到低价的好处；但在垄断形成后，市场话语权被大商超掌握，我们或许很难再享受低价和更好的服务。

·2011–12–31·

 # 成都标志 VS 西湖标志 #西湖标志经全世界海选整出了十个备选方案，但总觉不能代表西湖的山水人文。成都刚刚公布的标识，以太阳神鸟金饰为主体，则既有历史的深度，也有文化的内蕴，显得大气庄重。

·2011–12–31·

2006 年中国沈阳
世界园艺博览会

2012.1

 # 奇瑞的出路 #奇瑞轿车的正确做法可以是：第一，树立国产轿车第一品牌的概念，奇瑞在未来至少十年内在品牌认同上无法和国外品牌较量，因此抢先占领国产第一品牌的定位至关重要；第二，必须大大削减产品，把原有杂乱的产品进行整合，既减少研发费用及生产成本，又可集中投入营销，更有利于消费者对奇瑞产品和品牌的认知。（2012-1-4）

应时播种，因地生根

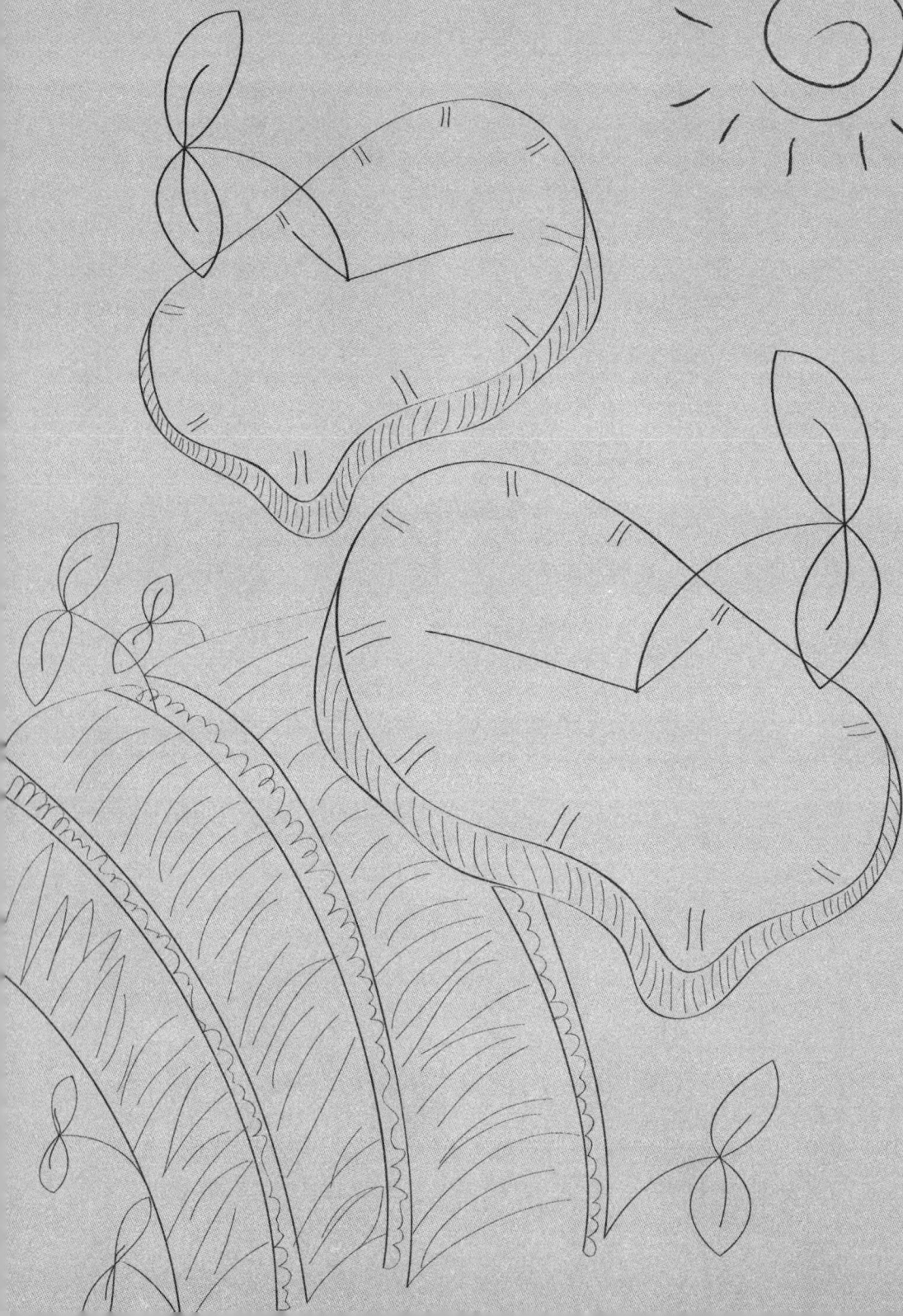

 # 对乔布斯的误读（一）#乔布斯无数次强调"有勇气跟随自己的内心和直觉"，因此有人误认为他不做市场调查，全凭直觉进行苹果产品的研发，主导苹果的发展。我想乔布斯一定是运用了比传统观察式调研更为先进的洞察式调研方法，即深入消费者内心深处，找到潜在需求，即消费者需要，却没有想到或者想到却无法清晰表达的需求。

· 2012-1-2 ·

 # 对乔布斯的误读（二）#黑色圆领衫，蓝色牛仔裤，是乔布斯经典的形象，因此有人误认为他不修边幅。而事实上乔布斯很注重着装。早年售卖麦金塔电脑时，他会穿着白衬衣、棕色细条纹西装；后来向美国银行融资时，他会穿着昂贵的布莱奥尼西装；当他最终成为闻名全世界的乔帮主后，才保持了 T 恤牛仔的形象。

· 2012-1-2 ·

 # 对乔布斯的误读（三）#乔布斯刻意保持 T 恤牛仔的形象是基于个人品牌的塑造，他要把自己打造成苹果的另一只商标,让黑色T恤、蓝色牛仔裤这一形象深入人心，实现与苹果图形标识的无缝链接。苹果的文化是创新和反传统，他可穿成这样，我们也可以这样吗？注意身份、场合和品质，与企业文化相契合，永远是商务着装的基本要求。

· 2012-1-2 ·

 # 对乔布斯的误读（四）#乔布斯的演讲能力并非天才。事实上，乔布斯和他的团队会为五分钟的演讲花几百个小时准备，而且会花很多时间排练。他关注和演讲有关的所有细节，其要求甚至可以用苛刻来形容。如果你能像乔布斯一样准备，你也一定能像他一样成为演讲的大师。

· 2012-1-3 ·

EXPO'99

1999 年中国昆明
世界园艺博览会

#掌握命门#常见一便池前有"往前一小步，文明一大步"的提示，看似很有文化，其实没用。后来改为令人羞臊的话语"尿不到池里说明你短，尿到池外说明你软"，结果再也没有尿渍出现。这一改动虽不值得提倡，但它给我们的启示是，找到事物的本质，掌握命门，说到对象心坎上才会有效果。企业文化建设如是，商业谈判如是，其他沟通领域也如是。

·2012-1-3·

#瑞士军刀新的品牌策略#有着一百多年历史的瑞士军刀，也开始数字化，U盘、蓝牙和激光笔等是它的新功能。指纹加密版、带指示灯的航空版、PPT演示时激光笔和蓝牙连接的演示大师版等等。为了促销，分别在美国和英国举办U盘解密黑客大赛，在规定的两个小时内并无一人能解密，十万英镑奖金无人能收入囊中。

·2012-1-3·

#因时而变方能生存#纽约时报业绩连续下滑印证了墨菲定律：如果事情有变坏的可能，就真的会发生，不管这种可能性有多小。事实上，近年来新媒体不断产生，对传统媒体形成了巨大挑战，如果传统媒体不能与时俱进，因时而变，情况就一定会越来越糟。我们的问题是在新年开端之际，我们自己做了哪些新的改变？

·2012-1-4·

EXPO
2010
SHANGHAI CHINA
1993年中国上海
世界博览会

#奇瑞的隐忧#奇瑞汽车的暂时成功得益于中国汽车消费市场的快速增长。奇瑞为迎合更多不同层级的消费者而开发出了几十种不同规格不同品类的汽车，产品线太长太杂，每一种产品都无法做到深入消费者内心，形成品牌认同，奇瑞轿车自身就有很多竞争性产品，造成自己打自己的局面，为奇瑞进一步发展埋下隐忧。

·2012-1-4·

 # 奇瑞的出路 # 奇瑞轿车的正确做法可以是：第一，树立国产轿车第一品牌的概念，奇瑞在未来至少十年内在品牌认同上无法和国外品牌较量，因此抢先占领国产第一品牌的定位至关重要；第二，必须大大削减产品，把原有杂乱的产品进行整合，既减少研发费用及生产成本，又可集中投入营销，更有利于消费者对奇瑞产品和品牌的认知。

· 2012–1–4 ·

 # 诺基亚失势的启示 # 作为老大级的企业，必须在研发上大力投入以保持领先；除注重技术领域的研发外，需要花更大的力气研究"人"脑子里的思想，了解和发掘人潜意识里需要什么样的产品和服务。这将会涉及心理学、行为学等学科，未来消费品牌的研发部门不能再只是由软件工程师、程序开发员组成了。

· 2012–1–5 ·

 # 诺基亚涅槃重生 # 诺基亚无疑是老大级的企业，但"大象"往往行动迟缓，多少还有些自以为是。因此，诺基亚错过了智能手机发展的先机，把霸主地位让给了苹果。如今，诺基亚聘请了出身微软的埃洛普任 CEO，和微软结成了战略联盟，Windows Phone 成为诺基亚智能手机的首选操作系统。埃洛普能拯救诺基亚吗？

· 2012–1–5 ·

1992 年意大利热那亚
世界博览会

 # 诺基亚革新措施 # 第一，成立全球业务部门，把所有产品整合为智能终端和移动电话两个部门，完整地实施从消费者体验到产品开发、销售及服务；第二，决策程序简化，取消各个委员会，由各部门负责人直接决策并承担责任；第三，倡导注重绩效和行为的文化，减少形式主义、面子工程，以业绩作为衡量标准。

· 2012–1–5 ·

 # 爱立信：又一个品牌被吃掉 # 据索尼一高管透露，今年 6 月，索爱智能手机将使用索尼品牌，"索爱"品牌将不复存在，这意味着索尼和爱立信的合作关系彻底终结。2001 年风光无限的爱立信和索尼合作，各占 50% 的股份，使用索爱品牌。十年的发展，索爱并未从消费者心中索取到任何爱，而爱立信也被索尼成功吃掉。

·2012-1-6·

 # 先合作、再矮化、后吞并：品牌大鳄惯用的伎俩 # 曾经占据中国碱性电池半壁江山的南孚电池和摩根斯坦利等企业合作后，经过一系列重组，居然成了竞争对手吉列集团子公司。其时吉列旗下的金霸王市场份额还不到国内的 1/10。收购成功后，吉列当然重点营销自己的金霸王，而南孚自然免不了靠边站的命运。

·2012-1-6·

 # 百思买：想一百遍你还会买吗 # 作为全球最大的家用电器和电子产品零售商的百思买于 2011 年退出中国市场。"百思买"这一名称似乎就注定了它关门大吉的命运，"千想万想才下决心买"势必影响销量。品牌名称在品牌运作中起着重要的作用，"金狮"领带刚上市时卖不动，"狮"字粤语音同"尸"或"失"，改为"金利来"后才获市场认可。

·2012-1-6·

EXPO '75

1975 年日本冲绳
世界海洋博览会

 # 海尔兄弟，你在哪里 # 多年前看动画片《海尔兄弟》，很是为海尔公司的营销策略叫绝。这部长达 212 集的儿童动画片以海尔兄弟环游历险世界一周为主线，传播了丰富的科学知识和勇敢、正直、诚信、善良等美德。显然海尔在培养未来的消费者，但它没有持续努力，如果海尔兄弟成了中国的米老鼠，海尔品牌会如何？

·2012-1-6·

 # 地产捆绑教育式营销 #据说景海湾在楼市的寒冬中掀起了热卖高潮，是因为引进了高端的香港维多利亚幼儿园，让教育成了楼盘的一抹亮色。该楼盘很偏僻，没有啥优势可言，只好推学区房概念。严控之前，是房子就能卖；严控之后，风光不再。地产商收起浮躁的心态，专注于产品品质和服务的提升才是根本。

·2012–1–7·

 # 乔布斯的沟通艺术 #乔布斯希望时任百事可乐总裁的斯卡利加盟苹果，斯卡利不为所动。但乔布斯对他说："你是要一辈子卖糖水，还是要一个改变世界的机会？"就是这句话打动斯卡利决定加盟苹果。人才不是挖来的，而是吸引来的。吸引人才要靠使命、梦想和愿景；因此企业家要提升自己的领袖素质，锻炼让人追随的能力。

·2012–1–7·

 # "异乡人"，注定会失败的品牌（一）#第一财经1月6日消息，虎门知名服装企业东莞原野服装公司破产。原野破产的原因或许是：一是大的经济环境不好；二是产品设计落后；三是资金可能挪作它用。其品牌名称及其内在思想可能才是根本原因。"异乡人"可以让人产生天涯沦落人的慨叹，却产生不了购买行为。

·2012–1–7·

 # "异乡人"，注定会失败的品牌（二）#原野公司启用"异乡人"作品牌时，目标人群可能是漂泊异乡的打工仔。全国的农民工、打工仔数量众多，看似定位没错，其实大错特错。品牌名称是品牌思想的表达，对漂泊者而言有漂泊的伤感，同时隐约含有歧视漂泊者之意。谁也不想穿一件让自己伤感、被他人歧视的衣服。

·2012–1–7·

expo'74

1974年美国斯波坎
世界环境博览会

#索爱品牌不成功的根源#一是索尼爱立信各占50%的股份，导致决策的摇摆和迟缓；二是错失了内容与平台协同发展的大好时机，索尼拥有影视、音乐和游戏领域的优势，但未预见到手机从单一的通信功能迅速向用户体验平台转变的发展趋势，做好手机和内容的整合；三是在操作系统上不专一，频繁更换。

·2012-1-8·

 # 索尼的战略出路#索尼的CEO霍华德·斯金格曾强调要好好实施索尼的"四屏"战略，即手机、电视、PC、平板电脑的紧密整合。这或许正是未来发展的趋势：一个更好用的平台和在这一平台上运行的更丰富的内容。理论上讲索尼具有优势，问题的关键是索尼能否把硬件和软件部门很好地整合，从单一产品上的精益求精转向系统上的精益求精。

·2012-1-8·

 # 不变的真理：变！# 1月3日纽交所正式通知柯达，如果未来六个月股票仍不能上涨，则可能被摘牌。拥有131年历史的柯达如同一个垂暮的老人，壮志仍在心，回天已乏力。最早的数码影像技术正是柯达发明的，但柯达面对快速变革的时代没有迅速调整战略而被时代所抛弃。不变的真理就是必须及时革新与变化。

·2012-1-8·

1968年美国圣安东尼奥
世界博览会

#三一重工的服务文化#第一，每年收入的2%—3%用于服务；第二，建立多个6S店，营销、配件、展示、维修、信息和培训系统服务；第三，建立比竞争者更多的区域性配件厂，提供更及时和便捷的服务；第四，从保姆式服务、金牌管家服务、一站式服务到专家型服务，不断丰富服务内容和提升服务水平，成就三一金牌服务品牌。

·2012-1-9·

 # 别惹粉丝多的家伙 # 老罗英语创始人罗永浩的西门子冰箱存在质量问题，但西门子公司不承认，只答应维修。结果惹毛了罗，搬了冰箱在西门子中国总部附近上演了一场砸冰箱秀。拥有百万粉丝的罗，相当于拥有了一家跨地域的电视台，西门子公司使出浑身解数，也无法挽回其品牌形象的损失。

·2012-1-9·

 # 网络时代，危机公关更应回归真诚 # 与当事人私下沟通，私了；与主流媒体沟通，封口——这是传统的危机处理手段，由于微博等自媒体的普及让更多的人有了发言权而让传统方法失去效力。危机处理要点，第一是第一时间面对；第二是真诚沟通；第三是坦率承认；第四是控制传播范围；第五是谨慎小心防止被人利用。

·2012-1-9·

 # 网络时代我们更需要真相 # 人性的特点是永远同情弱者，当个人面对企业或政府时显得很弱小，但网络让弱小的当事人拥有成千上万的同情者、支持者，强弱形势迅速易位。加之，网络围观者众多，为炒作自己者有之，为嫁祸他人者有之，甚至仅为取乐者亦有之，不一而足。热闹的背后，我们并不一定了解真相！

·2012-1-9·

 # 创意是一切创新和发明的源头 # 创意并不神秘高深，工作生活时时处处都存在创意。做任何事情时想想看如何突破一点，提升一点，深入一点。或者以前往东走，现在换下思路往西走。这些都是创意。产生创意的路径：一是增加思维的宽度；二是增加思维的深度；三是增加思维的高度；四是增加思维的维度。

1929年国际展览局（BIE）　　·2012-1-11·

 # 小肥羊，又一个被收购的本土品牌#连锁火锅企业小肥羊被肯德基的母公司百胜集团成功收购，且将于本月12日退市。2008年6月小肥羊在香港上市，借助资本市场的力量，小肥羊门店得到了很快发展，自营店数目翻了一番。小肥羊私有化，不用遵循严格的信息及财务的披露制度，经营更灵活，降低了经营风险。

·2012-1-11·

 # 专注愿景而非利润（一）#领导者不能把自己打造成各方面的专家，而应该专注于公司的愿景而非短期的利润上。愿景至少有几方面的力量：一是放大自身格局；二是不被一些日常小事左右，不在意一城一池的得失；三是可以吸引到更多的人追随；（续）

·2012-1-11·

 # 专注愿景而非利润（二）#四是有利于打造一支凝聚力更强，不是基于利益而是基于梦想和愿景的团队。领导全能，下属无能。领导无能，下属必能。领导的无能，是大象无形，大方无隅，是更宽广的格局和更广大的世界。

·2012-1-11·

 # 稻盛和夫的经营哲学：严格才是爱#京瓷公司管理极严，比如公章不能出他的房间一步，盖章要经过5—20道审批程序，大保险柜里放着装有公章的保险箱，保险柜和保险箱的钥匙分别由两个不同部门的人保管。他的理念是人1秒钟有1000个念头，999个都是好的，只要有1个不好，如果制度不严，好人就可能变成了坏人。

·2012-1-11·

海南
All the Sun, All the Fun

#中国特许经营的现状#一是连锁业态占商业比例很小，市场发展前景好；二是品牌力强大及真正具有全国连锁能力的企业很少，具有海外拓展能力的品牌基本没有；三是品牌商的管控能力、创新能力不够；四是加盟商的诚信度不够，不能严格遵循加盟要求，以保证产品和服务的一致性，从而影响品牌发展。

·2012-1-11·

 # 与众不同的开会策略 #拜耳总裁桑德拉·皮特森是位女性，能在高层主管以男性为主的工业企业能脱颖而出说明了她的不同凡响。她开会要求不同项目组的高中低职级共同参与，这样既可以获得来自最基层的真实信息，同时也能发现优秀人才。另外，作为女性主管，她会听取来自女性的声音，以使决策时考虑更周全。

·2012-1-11·

 # 房产形势，不能仅看存量房数据#昨日有媒体引用透明售房网数据，说杭州市目前存量房源接近 8 万套。存量房的概念是现在媒体报道房产形势的常用语汇，以此来判定某地房地产的情况，这其实是不科学的。存量房仅仅说明了楼盘还有多少没有预订或销售，但那些销售出去但空置的房屋数量可能更多。

·2012-1-12·

 # 选择服务第一，你就能成为第一#让全世界摄影师最羡慕的人可能是皮特·苏扎，他是奥巴马总统的首席摄影师，他的工作是用相机记录奥巴马的日常工作和生活，他可以出现在白宫任何一个地方拍摄奥巴马。服务对象：世界第一超级大国总统；服务地方：世界最有权势的国家政治中心。

·2012-1-12·

049

 # 三星雄心 #近日，三星电子首席执行官崔志成表示，2012 年有信心超越诺基亚成为手机制造行业老大，终结诺基亚 14 年的霸主地位。面对很多国人口中的"高丽棒子"如此豪言壮语，我们该做何感想？三星重视研发，工业化设计紧追时代潮流，踏踏实实做品牌，不像我们国人净整些类似"手机中的战斗机"的空泛口号。

·2012–1–12·

 # 假洋品牌，为何大行其道 #因为国人有崇洋媚外的传统，现在又被国产货品坑怕了，所以国人就认洋品牌。投机者到海外注册一个洋商标，产品全部销售到中国大陆，其实都是中国人在经营，所以叫假洋品牌。早年服装箱包行业假洋品牌较多，现在婴幼儿奶粉也有很多。国产货，你能争点气吗？

·2012–1–12·

 # 扯淡 #作为一个品牌人，有时候会感到深深的悲愤。每天网络上充斥着大量的食品安全、质量事故，与我们世界第二经济大国的地位很不相称，两者放到一起甚至是可笑又滑稽。国家靠什么强大，靠品牌；但品牌没有最起码的品质作保障，叫啥品牌？昨日，温总理又主持质量工作会议。没有法制化管理质量，都是扯淡。

·2012–1–12·

 # 吉利选择主打安全概念是正确的选择 #原因：第一，无论是早期的吉利，还是后来的帝豪，在消费者心目中仍是中低端车，而中低端车最重要的诉求点当属安全；第二，吉利收购以安全概念全球著称的沃尔沃，既可以借它的声名，又可以建立沃尔沃、吉利、帝豪等不同品牌间的共性，形成吉利系品牌特征的一致性。

·2012–1–12·

灵秀湖北

 # 喝酒从娃娃抓起 # 老郎酒一则广告涉嫌利用未成年人做广告，有诱导未成年人喝酒之意。郎酒集团如此创意，无非是想达到两个目的，一是让自己显得老，因为茅台、泸州老窖等名酒都在打历史牌，郎酒当然不会不知道"酒是陈的香"；二是想让自己的品牌可以有效地传承，正如广告语所说"老郎酒，懂得传承"。

· 2012–1–13 ·

 # 杨元庆的豪情 # 昨日感叹三星总裁有百二秦关终属楚的壮志，击败诺基亚而成行业第一，今天获知联想总裁杨元庆说苹果并非不可战胜，也有三千越甲可吞吴的豪情。作为中国最早的 IT 企业，联想在赞誉和批评间前行。其乐 PhoneS2 手机采用开放式系统，杨坚信，开放式的系统必将战胜苹果封闭式系统。上季度，中国市场该手机出货 650 万部。

· 2012–1–13 ·

 # 要么做强研发设计，要么做强垂直整合 # IT 行业现在有偏向研发和设计，做轻公司的趋势。以苹果为代表，放弃生产由富士康等公司代工；而联想则坚持研发的同时做强制造，这是正确的战略。只要能做好垂直整合，就少了受制于人的环节，就能立于不败之地，像富士康仅做强制造、靠压榨工人等降低成本是没有出路的。

· 2012–1–13 ·

 # 挑战无处不在 # 智能电视、3D 电视是近两年各大传统电视厂商主推的概念和产品。联想也推出了智能电视，其思路与传统电视厂商不同，它是用开发电脑的思维来开发智能电视，它的重点不在屏幕的分辨率和色彩优化，而是真正的智能应用和更丰富的互联网内容。联想擅长软件开发和硬件制造，比传统电视厂商有优势。

走遍大地神州，醉美多彩贵州 · 2012–1–13 ·

 # 贵就是奢侈品吗 # 坊间传闻茅台"申奢"，后疑因国家有关部门拟出台的公务招待规定中明确不能用奢侈品，茅台才放弃了申奢。胡润研究院发布的《2012至尚优品，中国千万富豪品牌倾向报告》，茅台赫然成为全球第四大最值钱的奢侈品牌。茅台真是吗？价格的确贵，问题是，贵就是奢侈品吗？它的影响有全球性吗？

· 2012–1–13 ·

 # 雀巢可口可乐，十年终成劳燕 # 10年前，两家公司分别主要生产咖啡和可乐，面临健康饮料的挑战，两家公司都看到了潜在的危机。我想，两公司合作的原因有二：一是有推健康饮品的共同目的；二是两者共享渠道将更利于推新品。分手的原因也有二：一是各自产品均有了一定基础；二是分手后推单品的效率更快。

· 2012–1–13 ·

 # 跑得快才能活下来 # 国内房地产市场处于停滞状态，地产商们绞尽脑汁营销，但严控之下的市场，任何招数都不灵。部分地产商终于挡不住了，不玩花招，回到根本——降价。在目前的局势下，普通房子的销售，降价才是王道。无论送装修也好，或者去掉装修减总价也好，都是降价。而且，一降到底才是最聪明的做法。

· 2012–1–13 ·

 # 企业要升级，关键是老板的思想要升级 # 企业的进步来源于不断变革，在各种影响变革的因素中，老板起着决定性作用。有些老板天天叫嚷着要下属创新和变革，但自己却在原地踏步。老板如果不能以开放的心态接纳新思想，不能虚心听取各方的意见，企业变革就是一句空话。老板的大脑应时刻保持在线升级的状态。

HANGZHOU
杭州

东方休闲之都，品质生活之城　　　· 2012–1–14 ·

#能持续才算成功#浙江大学的硕士养出了有机猪。从炒作上看，硕士养猪、猪吃有机玉米和米糠、每天在1200平方米的运动场做两小时运动、生长周期300天左右、每头每天的伙食费30元、饲养成本8000多元等都是好概念。问题是，一个新品类的真正建立必须有一定量的稳定消费群。每斤售价近百元的猪肉有点悬。

·2012-1-14·

 # 转变、转向#这个冬天对于中国的制造企业，特别是中小制造企业来说无疑很寒冷，真可以说是内忧外患。破解难题之道：第一，要有品牌思想，从产品制造向品牌打造转变，这决定企业能否起死回生；第二，精细化管理，降低成本，提升质量；第三，向产业链更高端延伸；第四，向未来新兴行业的配套生产转向。

·2012-1-14·

 # 另辟蹊径做品牌 #"打败苹果的方式，绝不是做另一只苹果。"雷军这句话不错。真正战胜对手的不是跟在对手后面亦步亦趋，而是从另外的道路迂回，从另外的方向杀出，是颠覆式的。

·2012-1-14·

 # 做事需要真功夫#有的老板用人迷信高学历、外资背景。事实上，高学历并不代表高能力，更代表不了高素质。外资企业经历并不代表能力就很"外资"。做企业讲实在，不要空谈，不要纯理论，要的是能打仗，能解决问题，最终以业绩说话。

·2012-1-14·

成功之都，多彩之都，美食之都

CHENGDU

053

#旧人换新人，旧貌未必换新颜#有的老板迷信外来和尚，眼睛朝外，看不上自己培养的老员工。老员工和老婆有点相似，天天看着没有觉得有啥新鲜的。外面找来一情人，当时新鲜，过不了多久，发现和以前的老婆也差不多，甚至还不如。

·2012-1-14·

#苹果的饥寒营销# 1 月 13 日，iPhone 4S 发售。据说北京黄牛包了三辆大巴排队，又因黄牛打架，苹果店暂时停售。在零下的温度里排一通宵，不知道果粉们有何感受。我想这又是苹果惯用的饥饿营销手段。先让你希望，再让你渴望，眼看快到手了，又来个千人排队场面，还有人为此打架，一个个插曲，吊够了胃口吧？

·2012-1-14·

#洋河酒定位的差异化（一）#传统白酒主要有"酱香型"和"浓香型"两种，洋河提出"绵柔"概念，其独有的绵柔和淡雅口感，与其他白酒形成明显的区隔和差异化。坦率地讲，普通饮酒者体会不到这个绵柔究竟有多大不同，但自创的品类概念还是成为营销上的一把利器，可以诱导消费者，与强手划开势力范围。

·2012-1-15·

#洋河酒定位的差异化（二）#新洋河之前的白酒包装差不多都是以金色、黄色、红色等偏暖色调为主，追求富贵、喜庆的特点。而洋河经典系列酒颠覆式地采用了蓝色，超越了我们对白酒包装的固有思维，给人耳目一新之感。

·2012-1-15·

Fuyang 富阳

富春山水，孙权故里

 # 洋河酒定位的差异化（三）#洋河酒的广告在酒类中是创新的，既没有讲喜庆，也没有讲团圆，更没有讲富贵和尊崇。洋河经典系列，海之蓝、天之蓝、梦之蓝形成了洋河独有的蓝色文化，蓝色既代表海洋，也代表天空，还代表着更远的梦想，它传达着时尚、高雅和品位。

· 2012–1–15 ·

#C2B 模式 #从传统的聚合供应商向聚合消费者转变，这意味着传统的大规模采购原材料后生产，然后再销售的模式变成了先了解消费者需求，再按照需求（包括材质、外观、数量等，甚至下单）进行生产的模式。前者根据调研或老板拍脑袋生产，能否卖出有风险；后者根据消费者需求生产，没有存货风险。

· 2012–1–15 ·

 # 繁华尽头是凋落，热闹过后亦寂寞 #蜀人张岱仿徐渭作《自为墓志铭》："少为纨绔子弟，极爱繁华，好精舍，好美婢，好娈童，好鲜衣，好美食，好骏马，好华灯，好梨园，好鼓吹，好古董，好花鸟，兼以茶淫橘虐，书蠹诗魔，劳碌半生，皆成梦幻。"经历人生沉浮才有如此才思，张岱成了明代文人的一个高峰。

· 2012–1–16 ·

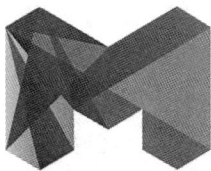

CITY OF MELBOURNE
墨尔本
Vires Acquirit Eundo

 # 文章第一成就个人品牌 #张岱一生坎坷，在明清巨变之下，"既不能觅死，又不能聊生"，只能苟存人世。张岱自非一般人，他沉心学术，专心著作，涉猎极广，质量很高，涵盖经史子集等方面。最有成就的《石匮全书》为明史修撰最高水准。《西湖七月半看月》和《湖心亭看雪》文字精美，堪为明代文章翘楚。

· 2012–1–16 ·

 # 墨子说服力（一）#有人认为墨子是黑社会的鼻祖，但这老大极有文化，有很强的说服力。鲁阳文君准备攻打郑国，原因是郑国的三代国君都被杀了，上天让他们三年收成不好，现在他要去帮上天惩罚他们。墨子说，这就像一个人打自己的不肖儿子，邻居的父亲也举起棍子打他，理由是"我打他是顺从他父亲的意志"。

·2012-1-16·

 # 墨子说服力（二）#墨子对鲁阳文君说，诸侯攻其邻国，杀其人民，掠夺财物，然后书于竹帛，镂之金石，铭于钟鼎，告之后世；一般的老百姓也攻其邻居，杀死邻人，掠夺财物，也书于竹帛，铭于祭器，告诉后世，这样行吗？鲁阳文君说，从你的话中我知道了很多可以做的事未必是应当做的啊。古代诸侯咋就这样懂道理呢？

·2012-1-16·

 # 墨子说服力（三）#齐将伐鲁，墨子对齐将项子牛说，仗是打不得的。从前吴王东胜越国，西胜楚国，北胜齐国，后诸侯寻仇，国灭身亡。从前智伯瑶兼并三晋之地，结果诸侯又来寻仇，也落得个家破人亡，所以啊，大国打小国那是错误的，会给大国带来灾难。墨子要是活在现在就好了，他可以作为游说美国的特使。

·2012-1-16·

 # 墨子说服力（四）#做了大将项子牛的工作，墨子又去做齐王的工作。他以刀为比喻。问刀砍人头锋利否，齐王说是；砍很多人头呢，齐王也说是（可能是销售术让人不断说是的最早导师）。墨子接着问，那谁将受不祥呢？王说用刀之人。墨子追问，并国覆军，贼杀百姓，谁将受不祥，齐王俯仰而思之曰"我将受不祥"。

·2012-1-16·

海上都市，欧亚风情

056

 # 专注和踏实是企业和品牌最重要的品质 #中国的企业大多稍有点规模时便会多头出击，分散精力，结果落得个新领地没占着，老地盘却丢失的结局。多年前，维维还是一个耳熟能详的名字，而今安在？维维上市后，把大把的资金投乳业、白酒、矿业、房地产等，结果其收益的大部分只能可怜地来源于"拆迁补偿"。

·2012-1-18·

 # 国际品牌的白酒，有那么好打造？#维维集团看到没有白酒国际品牌，于是入主双沟，雄心勃勃梦想着打造国际化高端品牌。但是，一个白酒行业门外汉，凭一个双沟就行吗？茅台呢？五粮液呢？泸州老窖呢？双沟因为政府原因被迫嫁给了洋河，那现在的枝江呢？坦率地讲，它离国内名酒还远着呢，离国际名牌更遥远。

·2012-1-18·

 # 可惜了，维维这个曾经豆奶行业的第一品牌 # "维维豆奶，欢乐开怀"，维维的广告在今天看来，似乎创意不足，并不精到，但在当年，维维却成功占领了消费者心智，成为豆奶品类的代名词。2000年上市后，维维开始花心，结果弄得灰头土脸。如果它能坚持深耕豆奶行业或相近产业，今天的日子会好过得多。

·2012-1-18·

 # 中国企业得益于趋势 #中国很多企业没有死，不是因为战略高远，也不是因为管理先进，而是得益于中国经济发展的大趋势。中国经济快速发展，让很多企业的土地等资产增值，一方面拆迁获得高额赔偿，另一方面也能从银行以现时的地价为基准获得融资；同时，中国经济快速发展，也带来市场的急剧扩大，从而创造了发展的机会。

香港

亚洲国际都会

·2012-1-18·

 # 少则得，多则惑 #很多企业来找我给新投的产品策划品牌，在听了他们激情飞扬的梦想后，我往往会泼冷水，有些项目最好不做，还是老实地做好本行。想象很美好，事实很残酷；理想很丰满，现实很骨感。我不会为了获得品牌策划费而让他们走上一条不归路。进入一个陌生领域，没有想象得那么容易。

·2012-1-18·

 # 我们为什么要专一 #第一，我们本来就不强大，可口可乐至今还在卖一瓶水，也不妨碍它依然稳坐 2011 年世界最有品牌价值的第一把交椅；第二，只有专一，我们才能心无旁骛，集中精力，产品和服务才能精益求精；第三，只有专一，我们才能更好地整合资源，更快地预知风险；第四，只有专一，我们才能做到第一。

·2012-1-18·

 # 我们为什么不专一 #第一，主业到一定规模后，想获得更大的发展，遇到瓶颈，没能力解决现实问题，于是想换个方向；第二，因为不了解陌生行业，所以以为很美，这和谈恋爱类似，不了解反而有感觉；第三，因为人的贪欲，总想得到更多；第四，因为老板自大，以为以前的经验储备和能力完全搞得定新产业。

·2012-1-18·

 # 多元化应该有条件 #第一，主业已经稳居行业老大，或至少能够获得稳定的现金流，在行业中拥有较高的影响力；第二，多元化所选的行业最好与主业相关或相近，这样能获得经验和资源共享；第三，多元化可以在某时某些特定领域投机，但不能成为常态，比如前几年投资地产。

·2012-1-18·

麻省理工学院

 # 合肥三洋的外患 #第一，与三洋的合作 2013 年到期，如果在一年内不能达成再续约协议，届时将不能使用三洋品牌；第二，今年松下将接管三洋旗下所有业务，统一使用 Panasonic（松下）标识，三洋是否存在都是问题；第三，去年海尔已收购了三洋在东南亚地区的家电业务，它的国际化又有了障碍。

·2012-1-20·

 # 合肥三洋的内忧 #合肥三洋的麻烦之大不光是外部的几大原因，最重要的恐怕是内部问题。面对严峻的外患，董事长金友华雄心勃勃，除启用新品牌帝度外，还计划为微波炉和空气净化器等小电家另创一个品牌，到 2015 年实现洗衣机、冰箱、小家电三类产品 200 亿元的年收入。原品牌都没运作好，新的品牌能行吗？

·2012-1-20·

 # 帝度品牌不可能成为合肥三洋的救命稻草 #第一，家电领域群雄并立，势力范围早已划分妥当；第二，任何一类产品，如果没有一定时间的消费认知累积，是成不了品牌的；第三，帝度号称是合肥三洋的高端产品，但价格一点也不高端，自己提前设置了代替三洋品牌的障碍，低价产品怎能替代世界知名的高端品牌？

·2012-1-20·

 # "制造品牌"没那么容易 #打造帝度品牌合肥三洋的思路是发挥三洋的技术优势和成熟的渠道优势，同时，竞标央视黄金时段广告，以此抬升帝度品牌。事实上，竞争惨烈的白色家电，各家的技术大同小异，并无本质区别，最大的区别来源于消费者心理认知。新品短时间不太可能占领消费者心智。从"制造产品"到"制造品牌"没那么容易。

·2012-1-20

CAMBRIDGE
UNIVERSITY PRESS
剑桥大学

#帝度之忧#"明年帝度和三洋两个品牌在洗衣机品类中，将通过产品外观和部分功能的区隔，实现差异化。"表面看来合肥三洋的做法正确，事实上大错特错。合肥三洋最应该做的是如何让三洋作为帝度的桥梁，在消费者心目中建立两者的密切连接，用傍大款策略提升帝度的品牌认知和品牌价值。但帝度想好占什么位置了吗？

· 2012-1-20 ·

#李宁，在角色中迷失自我#李宁一连串的改革却带来业绩下滑。第一，品牌感觉更接近90后，却失去了更多80后、70后老客户；第二，不断提升价格，但在消费者心中品牌价值并没有提升；第三，渠道改革不善，导致了经销商不给力；第四，品牌个性并不清晰，以前至少还有个国内一线品牌印象，现在好像更模糊了。

· 2012-1-20 ·

 # 提价就是做品牌？幼稚 #有人认为，把产品售价提高到国际品牌一样就能成为国际品牌。事实上，我们忽视了决定品牌的其他几个关键因素，一是产品内在品质；二是产品外观散发出的品牌气质；三是品牌本身需要时间沉淀，人也要到一定年龄后性格才能定型；四是消费者接受也需要较长时间，品牌不能大跃进。

· 2012-1-20 ·

 # 专心挖井 #年是个关，在这里回望过去，梳理过往；在这里展望未来，制定规划。面对流逝的岁月，有蹉跎光阴的感伤，更有相信未来的美好期许。无为的人一生都在改变着目标，他的人生只能挖出无数的浅坑；有为的人只改变实现目标的方法，他的人生必能挖出一口出水的深井。谨以此与所有的朋友共勉。

· 2012-1-21 ·

哈佛大学

#如履薄冰，保持警醒#在中国新年的热闹气氛中，百年柯达遭遇破产困境。柯达今天的困境并不只因近几年的错误决策，而是来源于多年前的傲慢与自大。最早的数字成像技术是柯达发明的，但它却躺在胶片的辉煌中不愿醒来。尽管我最喜欢用的依然是柯达 E100VS 的反转片，但终有一天不得不面对停产的那一天。无论做人还是经营企业都应该小心谨慎，像华为任正非所说"如履薄冰"，随时保持警醒，跟上时代潮流。

·2012-1-22·

#佳能一路领先，挑战极限#与柯达形成鲜明对比的是佳能。佳能是一家历史悠久的光学和照相机生产厂商，在数码时代一路高歌，不断刷新纪录。今天它开发的数码相机，无论在专业还是业余领域，都走在最前面。从2002 年开发的第一台全画幅专业相机到刚刚发布的达到 14 张 / 秒速度的最新旗舰 1DX，它不断挑战着极限。

·2012-1-22·

#佳能有舍更有得#佳能最具代表性的创新是上世纪八十年代中期，AF 自动对焦技术引发单反相机革命，各厂商都在致力于技术革新。但其他厂商包括老大级的尼康都在兼顾传统镜头而为自己进一步发展设下障碍。佳能壮士断腕，毅然放弃拥有庞大用户群的 FD 卡口，开发出全自动 EF 卡口，确立了在内置马达技术领域的领先地位。

·2012-1-22·

伦敦大学学院

061

#持续创新成就佳能 #佳能最有远见之处还在于不断加大镜头口径。这是很多 135 相机厂家所忽视的。多年前，先见之明的佳能第一代单反相机就将 39mm 内径扩大到48mm；上世纪八十年代生产全新 EF 镜头将卡口内径增大至以往 135 镜头从未有过的 54mm，这为后续设计优质的大光圈镜头奠定基础。佳能移轴镜头更是遥遥领先尼康。

·2012-1-22·

#苹果输掉未来 #日新月异形容变化快，原意有夸张成分。但现在的科技领域，用日新月异形容一点也不过分。有分析认为乔布斯可能会输掉下一轮竞争，因为他在世时未看到 OLED 技术的发展前景。现在 OLED 显示屏色彩更艳丽更薄，重量几乎可以忽略不计。三星控制着全球 90% 的市场，剩下的是 LG 和夏普。

·2012-1-22·

#跟随还是引领 #过去，只要能跟得上潮流就算领先；今天，紧跟潮流就意味着已经落后。当下，活得比较好的都是品类的开创者、行业的领导者。谷歌、微软、苹果和 Facebook 等无不如此，它们都站到浪尖、踏到潮头，成为浪潮的发动者、推动者和引领者。

·2012-1-22·

牛津大学

#真实的力量（一）#除夕无事，找来前几年买的纪录片，随便挑了几张放进电脑。一看即被震住。《空山》《背篓电影院》《平衡》，这三部片子都是由彭辉拍摄。前两部讲述的是四川省通江县普通人的生活，尽管我也在四川农村长大，但《空山》中的生存状态还是让我震惊，在恶劣的自然环境下，他们在顽强地活着。

·2012-1-22·

#**真实的力量（二）**#《背篓电影院》让我看到了一份执着，看到了时代的变迁；《平衡》则让人悲愤。这些纯白描式的纪录片，没有花招，没有技巧，对白都是生活中真实的话语，却有一份温暖，一份深深的感动。近来看了很多商业电影，华丽的场景和炫酷的特技只能让感官暂时兴奋，远不如这些纪录片带给人的震憾。

· 2012–1–22 ·

#**赵本山，回家过年**#网上有人直呼要赵本山回家过年，言语中似有对赵本山不能参加春晚而幸灾乐祸。近几年，对赵本山小品的批评多起来，大致意见是庸俗、没品位、总是一身农民打扮、与时代脱节等。我们有多少人沉下心来从笑声中去体会过"意义"？赵本山每一部作品都很严肃，只是他用了嘻笑的方式。

· 2012–1–22 ·

#**兼听则明**#做企业多听听意见和评论没有坏处，有则改之无则加勉。如果能沉下心来去思考不同的意见，或许能让自己走得更稳健。

· 2012–1–23 ·

帝国理工

#**接班人很重要**#中国选择领导人是严肃的政治任务，估计下一代领导人在十多年前就作了安排。金正日刚去世，金正恩就走马上任，成了朝鲜的最高领导人，这样的安排可以确保朝鲜的平稳，按照"既定路线"办。跨国公司也很重视选择接班人，杰克·韦尔曾说过，在他担任通用 CEO 最后十年里花了大量精力挑选接班人。

· 2012–1–24 ·

#民营企业的老板们如何选择接班人#第一，据我了解，目前富二代能够担当企业一把手的实在不多，第一代创业者能否有格局放开胸怀让外人管理公司？第二，如果做不到第一点，那就要培养好自己的下一代，核心任务不是教他管理知识和经验，而是培育基于责任感、同情心、友爱等让企业基业长青的价值观。

·2012-1-24·

#关注鸡毛蒜皮正是社会走向成熟的标志#内地人与港人在地铁对骂的事件，在孔庆东同志骂了"香港人是猪"后升了级，香港行政长官参选人唐英年和梁振英都出来说话了，表明法治精神是香港社会的核心价值观。其实，我觉得吵两句没有那么严重，这总比天天喊着阶级斗争等大而空的口号好吧。看问题要有历史观。

·2012-1-24·

#公关泰斗夏博新的三条建议#第一，越早建立人脉关系越好，年轻时认识的朋友很可能会成为永远的朋友，人脉关系需要时常维护和挑选；第二，尽可能多地花时间写作，无论是撰写新闻稿还是提案；第三，很多毕业生待不满一年就离职，只想当个人英雄，而现在是协作的环境，必须学会和更多人合作。

·2012-1-24·

耶鲁大学

#自大是中国老板最普遍的特征之一#真正谦逊的老板很少，要不很浅薄的自以为是，要不看似礼貌的拒人千里、骨子里是更深的自以为是。面对越来越复杂的内外环境，老板们其实很需要向各种专业人士咨询，多听来自不同领域的声音。仅凭自己一个人的脑袋来思考和决策就可以搞定一切的时代已经过去了。

·2012-1-24·

 # 富二代必修：健康的人格 # 把再多的钱留给孩子，孩子也可能花光；把再好的家留给孩子，孩子也可能败掉；把再大的企业留给孩子，孩子也可能搞垮。只有把孩子教育好，培养孩子健全的心智和人格，才是孩子获得财富、尊严和幸福的根本。

·2012–1–24·

 # 产品概念应精准 # 美加净原是上海家化的品牌，创立于 1962 年。在化妆品市场被国际品牌占据大半江山的情况下，美加净顽强地打拼着。问题是它主打的产品概念"取材真实天然，源于民间传统"并不精到和精准，很多竞品提"纯天然"，美加净似画蛇添足多提了"源自民间"。在中国一提"民间"则有偏方之嫌。

·2012–1–25·

 # 产品概念要与众不同 # 化妆品提"天然"的概念本身没错，但要提得与众不同，要有个性诉求。我以为美加净如果要做成一个大品牌，"民间"则不必多提，甚至不提。化妆品，用在最细嫩的皮肤上，关系着消费者的面子，所以，首先要让人信赖。而支撑信赖的则是高科技、好品质；时尚是化妆品的永恒主题，只是时尚的形式跟着时代变。

·2012–1–25·

 # 沟通渠道的多样化是现在营销的趋势 # 上海家化成立了信息技术公司，美加净、佰草集、清妃等品牌的电商均由其运作，现在有网络购物、电视购物、电话购物、团购和分期付款等模式。多渠道挑战的是品牌诉求和价值如何做到统一？不同的渠道会影响消费者对品牌价值的判断，特别在其心中尚未形成清晰的印象前。

香港大学　　·2012–1–25·

 # 迷宫营销需要让顾客乐于"被迷" # 宜家的新卖场设计得如同迷宫，目的是让顾客迷路，顾客迷途中会发现路边的花花草草，顺手拈来，结果多买了很多原计划不买的东西。客动线设计目的是增加顾客停留的时间，从而增加消费。但如果老让顾客找不到"北"多半最终会影响消费。万事不能过，过犹不及。

· 2012-1-25 ·

 # 思路变了，世界也就变了 # 雷柏是目前全球最大的 2.4G 无线键鼠生产企业，占据国内 70% 的市场份额。其指导思想如雷柏创始人曾浩说的那样，他们做的不是输入设备，而是时尚电子消费品。在此思路的指导下，雷柏的产品设计一改传统鼠标单调的外观和色彩，黄、绿、红、灰等颜色的 100 多款产品获得了巨大的成功。

· 2012-1-25 ·

 # 雷柏的定价策略 # 雷柏在定价上也很有智慧。在品牌认知上，雷柏自知尚不能和罗技等国际大牌相比，所以它的定价低于国际品牌，其无线鼠标价格和罗技的有线鼠标接近，这样很容易把原本打算购买罗技有线鼠标的顾客拉过来；另外，接近国际品牌的品质，加上比国产品牌更时尚和个性的外观自然易被消费者接受。

· 2012-1-25 ·

 # 早迎接挑战早成就品牌 # 日立将放弃电视机制造，把生产任务外包给中国大陆和台湾等海外工厂，但保留日立电视机品牌，日立总部专注于研发和销售。日立是日本最早的电视机生产企业之一，1956 年即生产出第一台电视机，近年来受到中国电视机的挑战，每况愈下。中国最早开放电视机市场，反而成就了一批品牌。

清华大学

· 2012-1-26 ·

 # 产品品牌与个人品牌 # MGPIN 彩妆品牌由中国化妆大师毛戈平创办，这是典型的利用个人品牌影响力和号召力开发产品品牌的例子。产品品牌与个人品牌的关系要点：一是与个人品牌特性越一致越好；二是个人品牌的高度会影响产品品牌的高度；三是个人品牌的问题会影响产品品牌，比如宋山木对山木培训机构的致命性影响。

· 2012-1-26 ·

#发现未知的美丽自己# 这是 MGPIN 品牌的核心诉求，这也是毛戈平很强调的"用美丽赢得尊敬"。毛戈平认为所有的女性都是美的，都拥有美的权利，化妆是件神奇的礼物，只要有意愿和勇气，就能够让自己美丽。但"发现未知的美丽自己"一句尚不够地道，传播起来稍显拗口，可以在此基础上优化一下。

· 2012-1-26 ·

 # 品牌最核心的东西——给消费者带来价值 # 毛戈平是一个很有激情的人，谈起话来眉飞色舞，神采飞扬。他是一个理想主义者，并不像商人，但他掌握了品牌最核心的东西——给消费者带来价值。他与世界最顶尖的实验室合作，再根据他对东方女性的面部骨骼和肤质理解而微调配方。

· 2012-1-26 ·

 # 学校营销 # MGPIN 品牌运作有一个优势，这是其他品牌不重视而 MGPIN 擅长的。毛戈平创办了化妆学校，毕业生大多从事化妆工作，对品牌推广起了很大的作用。同时，他培训毕业生成为导购员，现场为顾客化专业彩妆，让顾客看到立竿见影的效果。不过光靠这些还成不了大牌，得通过更科学的营销手段建立品牌价值。

北京大学

· 2012-1-26 ·

 # 国家品牌的影响力 #古代中国的茶叶为什么能流行世界？丝绸为什么能流行世界？瓷器为什么能流行世界？并不是因为这些产品有多好，只是因为古代中国的强盛而让世界仰慕，爱屋及乌，老外自然而然崇拜中国产品。如同现在，我们天然认为美国科技好、德国机械好、日本电器好一样。国产品牌能成高端品牌，还得靠国家的强盛。

· 2012-1-26 ·

 # 其出弥远，其知弥少 #老子这句话在世界已变成一个村落的今天仍有现实意义。跑得很远，不见得就增加多少真正有用的见识；遍访名师，结果发现真理其实就在身边；花高薪找空降兵，外来的和尚往往念不好经；你厌倦了手下的人，找来的也是别人厌倦了的；住遍豪华殿堂，感觉还是家最温暖；阅尽人间春色，最可信赖的还是身边的人。

· 2012-1-26 ·

 # 品牌延伸的策略 #品牌要在某一领域建立强大影响力后方可延伸。苹果现在这么火，是源于几十年在电脑领域的积极创新和高标准要求，拥有极高的专业声誉。在此基础上才能有 IPad 和 IPhone 的火爆热销，这叫厚积薄发，先做强后延伸。而一些企业啥也没做强的时候就多元化，结果可能就是啥都不强，一遇寒冷就遭殃。

· 2012-1-27 ·

 # 苹果电视或将上市 #据悉，苹果品牌的电视可能于今年底或明年初上市，不知到时候又会掀起怎样的风潮？电视机的市场版图又将如何重新划分？据称乔布斯在世时，电视机项目就已启动，我们可以想见其设计思路也必会打上乔布斯的烙印。苹果电视创新之处仅仅在于语音控制吗？还有哪些创新值得我们翘首以盼？

· 2012-1-27 ·

维珍航空

#世界需要方舟子，中国更需要方舟子#方舟子以打假著称于世，经常扔重磅炸弹，让很多人难堪。以前他的目标是科研人士，可以称为科学打假；现在他又把矛头对准了韩寒，目标转向文学，姑且称为文学打假或文化打假。对方舟子的评论是非并存，或许正因为他的质疑而引发的讨论或论战，让我们离真相更近些，离浮躁更远些。

· 2012-1-27 ·

#更名背后是更清晰的品牌规划#从淘宝网发展出的淘宝商城，新近更名为天猫。更名背后是更清晰的品牌规划。一是为了和淘宝网 C2C 模式区隔开来，天猫是全新的 B2C 模式，淘宝网和淘宝商城名称太接近，容易混淆；二是取自 tmall.com 的谐音，中文品牌名称和网址统一；三是猫时尚性感挑剔，代表网站更贴近潮流，更重视品质，将打造品质之"城"。

· 2012-1-28 ·

#想让别人改变看法，首先自己要改变想法#春节期间巴黎机场为中国客人铺设红地毯，并用普通话和广东话播报。傲慢的法国人也不得不放下架子迎接曾经的东亚病夫。达沃斯冬季论坛正值中国春季，中国高级官员缺席，世界经济创始人、执行主席施瓦布表示以后再不会和春节撞车。世界的改变源于中国国家品牌的变强。

· 2012-1-29 ·

#个人使命决定个人成就#周恩来在少年时代即肩负"为中华之崛起而读书"的使命，读书勤奋刻苦，上中学就组织"敬业乐群会"，主编《敬业》会刊、《校风》周刊等刊物，发表时事评论和小说等文章。这样的使命决定了他宽广的胸襟和视野，也决定了他后来参加革命而终成新中国总理的人生道路。

· 2012-1-30 ·

BRITISH AIRWAYS
英国航空

 # 品牌核心价值就是顾客选择我们的最主要理由 # 顾客为什么选我们而不选竞争对手？品牌的所有者和经营者时刻都应思考这个问题。我们的产品质量最好？还是我们的服务最优？我们的价格最便宜？还是我们的性价比最适中？还是品牌所倡导的价值观击中人心？

·2012-1-30·

 # 使命成就 Facebook# Facebook 的使命是让世界更开放，更互联，主要包含三方面的内容：一是希望能够增加人们之间的联系，分享思想和快乐；二是希望改善人们同商业和经济的联系方式，可以从信任的人那里获得更多的产品、服务以及建议；三是能够促进政府与民众的对话，让政府更关注民众的声音，让政府更透明，让官员更负责任，从而让世界更和谐美好。

·2012-1-30·

#磨难才能造就真正的英雄# 中国的制造业才刚刚起步。世界各国对 2012 经济增长普遍悲观，我以为并没有想象的那么可怕。阶段性的放缓可以优胜劣汰，保留下生命力更强的企业。中国的制造业暂时陷入低谷，但会因此意识到光拼价格的弊端而努力提升设计、管理、营销等功力，从而为品牌的升级带来可能。

·2012-1-31·

美国航空

2012.2

 # 成功源于专注和聚焦 # 近日，从哈佛学习归来的王石表示，如果以前有人游说万科多元化，他会说"我死了以后才可能"；现在想法变成了"就算我死了，你们搞多元化，我还是会从骨灰盒里伸出一只手来干扰你"。万科的成功源于多年前王石做减法而聚焦于房地产。我们个人也一样，只有专注和聚焦才能专业，才能拥有领先别人的专长。（2012-2-22）

土壤肥沃，茁壮成长

＃品牌基础之"天时"＃品牌运作需考虑"天时、地利、人和"因素。天不可违，做品牌只能顺天势而行。有些老品牌未能顺应大势而衰落，柯达这头胶卷大象未曾顺应数码潮流即将面临破产；有些品牌刚一诞生就意味着失败，会飞的汽车研究成功已超过六十年，但至今市场上仍难觅其踪。太超前的技术也没市场。

·2012-2-1·

＃品牌基础之"地利"＃淮南的橘子很甜而移到淮北种植就变成了又苦又涩的枳，土壤和气候对植物影响巨大，对品牌的影响也很巨大。启发一，品牌运作必须充分考虑到当地的风俗、人情、民族禁忌、消费习惯等情况。启发二，把地方优势产品价值放大，更聚焦更专注，形成地方特色品牌，从而产生品牌溢价。

·2012-2-2·

＃品牌运作之"人和"＃一个人的成功大小取决于他能够影响多少人，影响多长时间。品牌的成功大小亦然。品牌既要在内部营造良好的人际沟通文化，又要在外部运用公关的手段营造良好的外部环境。只有这样，品牌的大树才能根深叶茂，茁壮成长，最终开花结果。

·2012-2-3·

＃妙用事件营销＃昆明野生动物园一只羊和一只鹿恋爱了，动物园给它们举办了像模像样的婚礼。专门印制了以它们恋爱为主题的门票，除了常规的沐浴、打扮外，动物园还设计了寓意它们跨越种族障碍而相恋的"城墙"，婚礼上新郎要穿越城墙方可找到新娘。这真是绝好的创意。往事情深处想就可能发现更大的价值。

·2012-2-6·

United Airlines

联合航空

#我们学习什么#现在各种培训机构很多，企业家和高管们花了大量的时间和金钱，结果是听听激动，想想冲动，回去一动不动。究其原因可能有多方面，但有一点也许是共同的，那就是我们彻底学错了，我们只学别人的结论，而没有去学习得出这些结论的根源，找不到智慧的轨迹，就不能很好地自我生发、灵活运用。

·2012-2-8·

#微电影：一种宣传新方式#手机和数码相机视频拍摄功能的增加、视频网站的兴起，为微电影的发展提供了基础；更多的人习惯网络让微电影有了大量的观众。如果有足够的创意，拍摄又有新意，微电影在网上可以病毒式快速传播，成为品牌营销的低成本工具。问题的关键仍回到思想上：创新是根本。

·2012-2-9·

#品牌打造应从关注外在形象向内在品质转变#随着市场和消费者的成熟，仅仅有知名度的品牌已经很难打动人心，更别提让消费者掏腰包购买了。外在形象要塑造，但内在产品的创新和升级是更根本的工作。产品做到极致，不用宣传也能有好的市场。有多少企业主还在舍本逐末，花重金追求短暂的名气和表面的光鲜？

·2012-2-10·

#管理之中庸篇#各种管理理论像流行病毒一样，隔段时间总会冒出一些新的。我们是追逐潮流还是做理性的思考智者？谈执行，难道不需要员工的独立思考？谈关注目标，难道就淡化程序化管理？谈营销致胜，难道就不需要把产品做精细？其实，管理需要全面，只有整个系统都好了才算好。

·2012-2-13·

达美航空

#外婆家的成功策略#一直走中低端路子，可以圈定人数最多的消费群；价格为中低端，消费者可常来消费；选择在人流集中且有点小资情调的地方开店；低成本做好服务，给等候的顾客送上热茶、爆米花等小吃，让等候变得可以接受；正式进餐时倒茶为自助，节省了服务人员；最大密度布置餐桌，有限空间可容纳更多顾客。

·2012–2–13·

#外婆家的成功策略#通知用的是可爱的童音，如"外婆想你了，快来吃饭呀"、"外婆正在努力烧菜，大家请耐心等待"等，任何人都不会对自己的外婆不满。因此，任何品牌包括个人品牌要成功一定得比别人多做一点，哪怕就多一点点。

·2012–2–13·

#华为进入手机领域，还得从头学起#手机市场风起云涌、群雄逐鹿，多少手机品牌折戟沉沙，魂断市场。要做好手机，技术和品牌两手都要硬，华为梦想借用以前积累的品牌资产顺利进军手机，但以前的设备顾客和现在的手机顾客完全不同，其品牌策略和渠道建设也迥异，在陌生的市场，华为将会遇到不小的挑战。

·2012–2–14·

纳爱斯集团
只为提升您的生活品质

#华为新出路#华为即将推出高端智能手机，号称全球最强。分析近两年华为的市场行为，发现华为正悄然地从网络硬件提供商向电子消费商转变。智能手机、平板电脑等新兴电子消费产品的热销让一向稳健的任正非也开始按捺不住，抢出来分一块蛋糕。华为手机要成功，首先是经营设备到快消品两种思维的转换成功。

·2012–2–14·

#顾客是吸引来的#人有两种，一是自己不修炼内功，只好围着别人转；二是自己练好内功，吸引别人围着自己转。品牌也有两种，一种是功夫不花在品质的打造上，只好花大力气搞公关，做关系；另一种是从前期的品牌规划、中期的品牌管理和后期的品牌营销都用心用力，自然会吸引到众多的顾客。顾客不是拉来的，而是吸引来的。

· 2012-2-15 ·

#政治与品牌#唯冠诉苹果 IPDA 商标侵权案近几日成为媒体的焦点，国内多地工商局要求苹果 IPDA2 下架。唯冠早就起诉苹果，为何近几日才成为焦点？看看习主席这两天访美就知道了，玄机可能在这儿。影响品牌的因素很多，而政治是最具杀伤力的因素。

· 2012-2-15 ·

#没有必胜信念要想成功很困难#日本京瓷重返中国市场，可能从一开始就意味着失败。日本电子消费品商一般在国内完成设计，只在中国市场做营销，对中国消费者需求尊重不够，日系厂商在中国市场的表现远不如三星；同时，京瓷称若这款手机的销售状况达到预期，将考虑推出一系列机型。京瓷的态度有问题，没有必胜信念要想成功很困难。

· 2012-2-17 ·

#微软发布新标志，回归最初的窗口意义#微软新标志以蓝色为主调，中间为白色十字形，远离了过去的旗帜风格，更为接近窗口。很多的设计师和品牌主并未掌握标志的核心原则。原则有三：一是简洁、易记、易传播；二是符合行业和品牌个性；三是含义尽可能少，最好只有一条，并和品牌核心价值对应。

· 2012-2-18 ·

爱生活，爱拉芳

#NBA：品牌推手#林书豪这几天的风头似乎盖过了访美的习主席，被球迷称为林疯狂，而林疯狂商标已注册，林汉堡也开卖，这又是NBA制造的一个个人品牌。林书豪的成功来源于个人的努力，但或许背后还有NBA这个大推手。姚明退役后，NBA需要一位新华人或华裔球星，来赢得中国的观众，从而赢得巨大的中国市场。

·2012-2-19·

#汽车给我们的启示# 1.汽车挡风玻璃很大而后视镜很小，说明我们更应该向前看；2.汽车有四个轮胎，说明干啥事都应该做到四平八稳；3.每辆车都有备胎，说明我们做啥事都应该有应付意外的准备；4.汽车需要定期保养，而我们每个人和企业也要经常主动检视，自我感觉良好时也要三省吾身。

·2012-2-20·

#我们都需要点理想主义#理想主义者有两个特质，一是因为想得很美好，所以心理总和现实保持一段距离；因为有这段距离，内心则不满足，而不满足正是从平凡迈向卓越的起点。二是比较天真，或者说比较傻；因为比较傻，想法少，所以目标单一，精力集中，不被一路上的花花草草所诱惑，从而长期专注和坚持。

·2012-2-21·

#成功源于专注和聚焦#近日，从哈佛学习归来的王石表示，如果以前有人游说万科多元化，他会说"我死了以后才可能"；现在想法变成了"就算我死了，你们搞多元化，我还是会从骨灰盒里伸出一只手来干扰你"。万科的成功源于多年前王石做减法而聚焦于房地产。我们个人也一样，只有专注和聚焦才能专业，才能拥有领先别人的专长。

·2012-2-22·

亲近生活，美化生活
Touching lives,
improving life.

#领导需修炼收式演说#吴思通老师商业演说两大模式：释放式与收获式。放式以推广为主，得掌声、笑声、哭声即止，收式以结果为重，达收钱、收心、收人方可。当今领导者最需修炼的是收式演说，可分为销售演说（收钱）、激励演说（收心）、吸引演说（收人），即对客户推销产品、对员工推销希望、对社会推销梦想。

·2012-2-23·

 # 容易用偏的办公手段（一）：PPT#越来越多的人用PPT作为沟通的工具。但很多企业及个人都走入了误区。一是滥用PPT，很多场合其实用不着PPT，因此而浪费了大量的制作时间；二是有些PPT很冗长，想表达很多反而失去了重点；三是沟通和演讲的最高境界并不需要PPT，依赖PPT人容易变得更懒惰、更低能。

·2012-2-24·

 # 容易用偏的办公手段（二）：邮件#过度使用邮件有几个坏处：一是写邮件很花时间，有些事一个电话就可解决；二是效率降低，邮件发来转去，责任人可能几天都看不到；三是电话或面对面直接沟通能产生更好的效果，但单向性的邮件不会有这样的贡献；四是责任不易落实，有些人认为邮件一发就与己无关。

·2012-2-25·

 # 容易用偏的办公手段（三）：会议#会议是最古老的办公手段，但直到现在却少有人会开会：一是会议没精心策划，形式及内容没创新；二是会议无主题；三是主题老偏离；四是会议没产生有价值的策略；五是会议没有结论，泛泛而谈；六是有结论但监督执行不力，不了了之；七是开了很多没必要的会，浪费大量时间。

·2012-2-26·

家庭护理
REJOICE
飘柔

飘柔，就是这么自信

#沟通基于价值贡献#我有什么想法告诉别人，希望得到别人的理解和支持，这是很多人特别是领导者容易陷入的沟通误区。这样的沟通只是变相的命令，产生不了多少价值。真正的沟通不是自上而下或自下而上的单向活动，而是平等基础上的互动；不是界定谁的观点正确或错误，而是共同发现所探讨对象的新价值。

·2012-2-27·

#聪明和智慧的区别#分享莱蒙达集团董事长朱峰的思想：我们都知道不要小聪明而要大智慧，聪明和智慧的区别在哪里呢？区别就在于分别心，聪明的人考虑问题时会受外界各种因素的影响，产生分别心，因此不易看到真相而陷入愚痴；大智慧的人则完全尊从自己的内心，不被外界干扰，从而能洞察事物本质，找到解决问题的根本之道。

·2012-2-28·

#舍去得之心才是智慧#舍得的一种理解为先舍后得，尚停留在利益交换的层面，算是一般的聪明；舍得的另外一种理解为舍去得之心，不为得而舍，则会让人感动，而感动是无价的。舍去得之心才是智慧。所以，我们学一个人，不要学他是如何获得的，这只是表相；而应该去学他如何舍去得之心，这才学到了根本和究竟。

·2012-2-29·

健康幸福每一家

2012.3

#所有成功的品牌都有一个崇高的使命 #雅诗兰黛夫人有一个使命，"希望帮助所有女性变得美丽，并且永葆美丽"，雅诗兰黛一直秉承这一使命，因而成功打造了世界级高端化妆品品牌；阿里巴巴践行"让天下没有难做的生意"的使命，而成为世界第二大网商。使命是自己对世界和他人承担的责任，有使命的品牌绝不会假冒伪劣。（2012-3-1）

防病去害，树体康健

#所有成功的品牌都有一个崇高的使命 #雅诗兰黛夫人有一个使命，"希望帮助所有女性变得美丽，并且永葆美丽"，雅诗兰黛一直秉承这一使命，因而成功打造了世界级高端化妆品品牌；阿里巴巴践行"让天下没有难做的生意"的使命，而成为世界第二大网商。使命是自己对世界和他人承担的责任，有使命的品牌绝不会假冒伪劣。

·2012-3-1·

#使命是品牌发展的原动力 #很多企业或品牌的使命都只是放在纸上的一句话，和企业的行为没有发生任何关系，在品牌上也没有任何体现。使命解决的是为什么做的问题，这是企业家和品牌最根本的原动力，很多品牌发展没有后劲，或者中途夭折，或者慢慢衰落，皆因使命的缺失或迷失。或许，关于使命，我们都应该静下心重新思考。

·2012-3-2·

#从"中国制造"向"为中国制造"转变 #知名财经作家吴晓波观点：在世界增长乏力的情况下，中国外向型企业要从"中国制造"向"为中国制造"转变。中国内需市场巨大，理论上讲是没有夕阳产业的，各类企业都可以通过产品优化、品牌建设而获得发展。中国公司未来模型为"电子商务＋专业＋小制造"。

·2012-3-3·

#使命感不可丢 #中国企业家普遍缺乏使命感，创立品牌的根本目的或模糊不清或仅为实现个人利益。目前发展最好的一些世界级顶尖公司，比如Facebook、百度、阿里巴巴等都拥有强烈的使命感，立足于服务社会，其发展方向、战略、产品、管理、文化均由使命主导。古代中国人讲究修身齐家治国平天下，现在的我们丢掉了好传统。

·2012-3-4·

LANCÔME
PARIS
兰蔻

The Fragrance For Treas
-ured Moments

#Facebook 的核心价值观# 28 岁的扎克伯格建立的 Facebook 创造了新的传奇，如果 Ipo 成功，Facebook 将成为市值超千亿美元的公司。Facebook 坚持五大核心价值观：一、专注影响力，专注解决最重要的问题；二、行动迅速，并打破常规；三、大胆做事，最具风险的事就是没有风险；四、开放，掌握更多信息可以做更好的决定；五、为世界创造真正的价值。

· 2012-3-5 ·

 # 思想是人类的灵魂# 真正推动个人前进和社会发展的事物均源于思想。一个人如没有思想，就没有精神和朝气，萎靡不振；而一个有思想的人则会一直保持积极的心态，持续地奋斗，充满阳光和力量。无论我们多年轻，没有思想就意味着我们已经老去；而无论我们多老，只要有思想，就依然年轻。

· 2012-3-6 ·

 # 盲目多元化的武钢# 武钢集团总经理邓崎琳表示，将投入 390 亿元养猪，发展服务业卖盒饭等。邓把多元化归因于市场不好，事实是自身努力不够。试想：当市场好转，那些坚持专注于钢铁的同行竞争力会如何，一个养猪的钢铁厂的钢铁大家会认可吗？陌生的行当，多久才能做熟市场？一个炼钢的养猪厂的猪肉会好卖吗？

· 2012-3-7 ·

 # 宗教的力量# 明天是观音菩萨的生日，今日普陀山就摩肩接踵，信众如织。有几点启发：一是宗教力量强大，应向宗教学习；二是宝刹是创造 GDP 的重要来源，地方政府可以培育这一产业，引进高僧大德，建寺弘法，增加绿色 GDP；第三，应向全世界大力推广佛教，外国人都来中国拜佛，将带来旅游大发展，呵呵。

· 2012-3-10 ·

CHCÉDO
自然堂

你本来就很美。

#一个人越在乎什么，就越缺少什么#一个人被批没素质，真正有素质的会一笑置之，没素质的则会跳起来；一个人的学术被挑刺，真正有水平的会虚心求教，没水平的则会百般辩解。智慧的人会向内看自己，从自身找问题；愚蠢的人则会向外看，万事找别人的原因。所以，智者进步，愚者退步。

· 2012-3-11 ·

#讲自己所做，做自己所讲#从未销售过一件产品的"教授"却堂而皇之地讲销售；从未深入市场一线打拼过的"专家"却口若悬河地谈营销；从未写过一句好广告语的"学者"却滔滔不绝地教人做广告。这是中国现阶段的怪现象。我以为最好的老师应"讲自己所做，做自己所讲"，向这样的老师学习才最直接、最有效。

· 2012-3-12 ·

#做交易还是做生意#交易往往是一锤子买卖，成败往往取决于某人或某势力，一旦风吹草动，交易方则有可能成覆巢之卵；其核心要素"关系"很难传承，因此很难持续。生意则按照商业规律，做好产品和品牌，以自身价值吸引顾客，企业的安危不系于某人，则易长久。所以，从商之道重点在经营生意，而少做交易。

· 2012-3-13 ·

#老板做势，团队做事#势做好，有高度，有力度，自然水到渠成，事半功倍。营造好势后，执行层面也要把事做好，做到位。即使再好的势，执行不好，结果也会打折扣，甚至会失败。老板主要管势，对执行层面的工作不宜管得太细，否则员工就事事看老板眼色和意图，他们的创造力反而大打折扣，老板也会累死。

· 2012-3-14 ·

#推行改革凭想象还是凭实证#三十年多年前，国家搞改革开放，但路究竟怎么走并没有成熟的方案。智慧的邓小平主张"摸着石头过河"，先设立经济特区获取经验和教训，成功了再扩大范围，逐步推广到全国。大企业改革也不能凭想象，宜先搞试验田，在某区域或某系统试验成功后再全面铺开，这样可避免犯大错。

·2012-3-15·

#成就非凡事业者均拥有强大的内心#不为外物所左右，不被困难所吓倒，不被挫折所影响。谨小慎微、优柔寡断都是内心不强大的表现。强大的内心其实是由思维方式决定，看大势，看全局，看方向，看主要问题，看问题的主要方面，才能心里有底，有底气才能形成强大的内心。相反则会怯懦。

·2012-3-16·

#品牌的三大基因：核心价值、愿景、使命#三者具有递进关系，使命是最根本的起心，是品牌的缘起，愿景是基于使命的一个宏远蓝图，让使命找到了方向和目标，而核心价值则是品牌的落脚点，也是品牌在市场中的灵魂。既然核心价值是品牌基因就决定了必须坚守，不能朝令夕改。

·2012-3-17·

#学会拒绝#敢不敢拒绝是胆魄问题，而会不会拒绝则是技巧问题。行走世间，匆匆忙忙，琐事成堆，唯有学会拒绝，方向才不至于走偏。经营企业，也要学会拒绝，拒绝那些让品牌走偏的新想法。学会拒绝的前提是坚持，坚持品牌的核心价值，持之以恒，假以时日，必有所成。

·2012-3-18·

Amway 安利

有健康才有将来
Have health,have future.

#"马上解决"是我们应具备的素质#马上解决既是责任心的体现：认真对待、足够重视、遇事立即行动，又是能力的体现：遇事在极短的时间内就能找到解决方法，还是内心强大的表现：遇事不一定马上就能找到最佳的解决办法，但有魄力敢于立即行动，采取措施。事实上，很多难题都是在行动的过程中逐步解决的。

·2012-3-19·

#当其无，有室之用#老子有无相生的哲学思想也适合指导室内设计。平庸的设计师会把自己的想法布满房间，但是，看上去很热闹的装饰因为太"满"，而无法安放使用者的思想，妨碍了二次布置。真正高明的设计，设计师的思想是隐藏在背后，其独运的匠心很难被发现。他明白，房间的使用者才是真正的主人。

·2012-3-20·

#形象代言需谨慎#沃尔沃牵手林书豪，意欲使沃尔沃品牌年轻化。尽管得益于中国汽车市场的强劲增长，沃尔沃去年取得了不错的业绩，但相比奔驰、宝马的成就，则显得差强人意。沃尔沃此番牵手林书豪，需要考虑：一是林书豪是否可以长久地保持较好的赛绩；二是林书豪的个人品牌是否和沃尔沃品牌发展方向一致。

·2012-3-21·

#曲则全、枉则直、洼则盈、敝则新#万物的正反两面辩证统一、相互转化，深刻掌握则妙用无穷。今日某大学一负责人约我谈高校的品牌建设，他认为该校的历史远没有一些百年大学悠久，较难宣传。而我则认为，历史短反而是长处，就讲新思维、新理念、新管理、新产业等，换种思维方式，劣势即变优势。

·2012-3-21·

#做企业要有所为有所不为#曾子："知止而后定，定而后能静，静而后能安，安而后能虑，虑而后能得。"企业在初期往往想法单一，专注于主业，取得了一定的成绩后，以为在其他领域也一样能取得成功，不"知止"，往往多头出击，精力分散，铩羽而归。

· 2012-3-24 ·

#万事需知取舍#摄影作品的好坏，主要取决于构图的优劣。差的照片，对景物不加取舍，一概拍进去；好的照片，讲究取景构图，只取与主题最有关的景物，其他一概舍去。做任何事的道理都一样，皆需聚焦与专注。杭州一多元经营的老总饮弹自尽，他想一张照片里既拍下贸易又拍下影视，结果当然不是一张好照片。

· 2012-3-25 ·

#谈判境界#商业谈判中，有谈判者喜欢营造咄咄逼人的气势，这并不是高境界，过于强势会让自己全部的底牌暴露，既没有给自己留退路，该让步时却不能让步；也没有给别人留退路，苛刻的条件令对方不愿接招。适合中国人的谈判技巧是在坚持原则的基础上保持一定的灵活性。云淡风轻、举重若轻才是谈判的高境界。

· 2012-3-25 ·

#格力成功四部曲#格力空调预计今年营收会超千亿，它的成功源于坚持走专一的道路，聚集空调行业。到目前为止，格力空调走过了四个阶段，一是制造好产品阶段，"格力电器创造良机"；二是塑造专业品牌阶段，"好空调格力造"；三是寻求内向驱动力阶段，"掌握核心科技"；现在是关注人文阶段，"让天空更蓝大地更绿"。

· 2012-3-26 ·

中美史克

 # 演讲的"三点"秘诀 # 简单、直接、有效是做广告的准则，也是演讲的指导原则。我们需要锻炼在 30 秒钟内说清楚一个主题的能力。要达到 30 秒讲清楚的水平，就不宜说得过多，应尽可能归纳为一个主题加三个支撑点，一是什么二是什么三是什么。这样，说者清晰，听者明了。

·2012-3-27·

 # 整合资源的误读 # 我们对资源整合这一概念往往存在着误解，以为整合资源主要是搞好关系做好公关。事实上，资源整合，前提是有好的资源，其次才是如何整合。打造自身资源，形成具有核心竞争力的价值才是根本，在此基础再做整合则水到渠成，事半功倍，否则就是舍本逐末，事倍功半。

·2012-3-28·

 # 少走中间道路 # 比较容易生存的企业有两类，一类是大型的，一类是小型的；一类是高端的，一类是低端的；一类是大众的，一是小众的；一类是高科技，一类是手工业等等。而处于中间地带者既不能采用量少价高策略又不能采用低价走量策略，处境必然尴尬和困难。"少走中间道路"法则基本适合任何领域和行业。

·2012-3-29·

 # 竞争者决定价值 # 产品的价格不是由产品本身决定的，而是由竞争对手决定的；品牌的价值不是由品牌本身决定的，而是由竞争对手决定的；个人的价值不是由本人决定的，而是由能力差不多的人决定的。有更强的对手是好事，既可以让我们找到学习和超越的标杆，同时也提升了我们的价值。所以，欢迎竞争。

拜耳

·2012-3-30·

#同样的方法得不出不同的结果#今天的结果是由昨天决定的，明天的结果是由今天决定的。我们常犯一个错误，就是梦想用同样的努力和方法而得到更好的结果。如果希望我们的明天和今天不一样，我们今天的努力就要和昨天不一样，否则，梦想就真的是空想。

·2012-3-31·

Johnson&Johnson

强生：因爱而生

2012.4

#好产品是品牌根本 #唐代四川人陈子昂进京赶考，以百万之资买一破琴，并豪言他琴艺虽精但远逊于诗作水平，一下名噪京城，成为达人。陈君的炒作堪称经典，基础是他的确才情过人，"前不见古人，后不见来者。念天地之悠悠，独怆然而涕下"就是这位老兄的句子。由此观之，品牌的打造应回归到产品主义，做好产品才是根本之道。（2012-4-11）

辛勤耕耘，枝繁叶茂

#航空公司的增值策略 #经济低迷、竞争加剧，除机票、广告外的非传统业务也应是重要收入来源，一些新办法可增加收入：第一，与银行合作，把积分卡变成借记卡；第二，在免费餐的基础上，出售更高端的食品饮料；第三，授权商标给箱包、皮带等厂商，收取品牌使用费；第四，创新一种轻松幽默的互动营销模式等。

·2012-4-2·

 # 紧跟时代潮流，利用新兴媒体 #上世纪五十年代，美国的广播业者结成同盟应对有线电视的挑战，但最终败给了电视，就如同电报败给了电话一样。传统的电视、广播正面临着数字媒体的挑战。传统媒体的信息是自上而下，带有威权性；微博等新媒体信息是大众参与产生的，代表着群体的价值认同。

·2012-4-2·

 # 不务正业的联想 #联想在白酒领域动作频频，先后入主武陵酒业、板城烧锅、乾隆醉等，其图谋白酒市场的战略渐渐浮出水面。联想的不务正业可能是陷入泥潭的开始。原因有二：一是白酒和 IT 完全不同，联想原有的资源、管理等优势不能共享；二是高端白酒品牌更注重历史积淀，其收购的非一线品牌短期不可能成为高端。

·2012-4-3·

 # 中国结 + 黄河水 #中国结在很多旅游市场都有卖，但价格低利润薄。著名作家张贤亮想出办法，设计精美的小瓶子，装上从黄河壶口瀑布打来的黄河水，配在中国结上，价格就翻了十倍。给我们的启示有二：第一，任何产品都有增值的空间；第二，文化是品牌增值的最佳驱动力。带回母亲河的祝福，谁又会在乎价格呢？

·2012-4-4·

太极

#市场才是品牌最终的裁决者# 杭州推出龙井茶统一包装，看似为了防伪打假保护西湖龙井品牌，结果可能恰恰相反：第一，包装是最易仿冒的，靠包装盒打假想得太简单；第二，统一设计的包装没有品位，不能凸显龙井的品质；第三，品牌需要个性，统一包装就似多年前全民皆绿军装一样，个性泯灭。市场才是品牌最终的裁决者，而政府不是。

·2012-4-5·

#品牌冒进不可取# 国内知名运动品牌李宁陷入困境，根本上是犯了品牌冒进错误。高科技品牌可以借由技术优势而快速扬名立万，传统服装品牌则需长时间辛勤打造才能成就。产品不同，品牌的发展模式也不同。李宁的同行耐克、阿迪达斯等世界品牌无不是经过半世纪以上的风雨洗礼才成就辉煌。李宁妄想大跃进，只能折戟沉沙。

·2012-4-6·

#在理性购房形势下，降价才是王道# "你若来了，便是春天"，这是绿城招聘经纪人的广告。广告词不错，也能招到人，但对缓解绿城困境起不到多大作用。在理性购房形势下，降价才是王道。在疯狂的炒房时代，购房者的预期是价值增值，即预期卖出和买进价之差；而现在，购房者期望的是买时的低总价。这一点，龙湖比绿城理性很多。

·2012-4-7·

#任何品牌价格和价值背离太大，离危机爆发就不远了# 飞天茅台从价格高位重重摔下来，自然砸住了去年年底高价进货的炒家。在中国好一个炒字了得，炒房、炒股、炒煤、炒棉花、炒普洱等，尽管部分先炒者会获利，但从更长时间段来看，大部分炒家最后还是栽在了一个炒字上。上帝要让谁灭亡，必先让谁疯狂。

·2012-4-8·

云南白药
YUNNAN BAIYAO
新白药，大健康

 # 给家乡建设的建议 # 四川西充是我的家乡，出产的牛奶猪已卖到 160 多元一斤，蔬菜直接出口港澳。给家乡的建议：第一，将县城上升到品牌的高度，进行系统的品牌规划；第二，出政策引进世界知名农副产品企业，发挥带动作用；第三，联合国内顶尖农产品研究机构建立科研基地；第四，利用活动、事件营销有机县品牌。

· 2012–4–10 ·

 # 好产品是品牌根本 # 唐代四川人陈子昂进京赶考，以百万之资买一破琴，并豪言他琴艺虽精但远逊于诗作水平，一下名噪京城，成为达人。陈君的炒作堪称经典，基础是他的确才情过人，"前不见古人，后不见来者。念天地之悠悠，独怆然而涕下"就是这位老兄的句子。由此观之，品牌的打造应回归到产品主义，做好产品才是根本之道。

· 2012–4–11 ·

 # 三星的成功之道（一）：建立清晰的数字化品牌愿景 # 从低档的地摊货到全球电子消费品第一品牌，三星仅用了十多年。其成功原因有：建立清晰的数字化品牌愿景。三星敏锐地意识到，数字化是消费电子行业的发展方向，三星的核心竞争力必须从大规模制造转向自身品牌的打造上，把时尚、高档等理念融入品牌核心价值。

· 2012–4–12 ·

 # 三星的成功之道（二）：以强大的产品力作为品牌的坚实基础 # 第一，战略定位做领导性产品；第二，持续投入巨资研发，创造了多项第一，商用 CDMA、可视电话、MP3、摄像手机等都是三星首创；第三，对产品质量严苛要求，像海尔一样烧过劣质手机；第四，重视外观设计，时尚、简约，获奖无数，引领潮流。

· 2012–4–13 ·

三九企业集团

#三星的成功之道（三）：精简品牌#作为低端消费电子产品商，以前的三星拥有很多子品牌，但每个品牌均没有足够的优势，消费者也眼花缭乱，无所适从，导致业绩平平。三星在确立新的品牌战略后，果断做减法，砍掉其他品牌，主打三星一个品牌；同时，全面停止了低端产品的生产，产品定位于高端市场。

·2012-4-14·

#三星的成功之道（四）：品牌形象清晰#同国内大多数上规模的企业一样，最初三星拥有很多广告代理商，负责三星不同层次的品牌策划及推广业务，既给三星内部沟通协调带来了困难，又令三星传播的信息千变万化，从而导致其品牌形象模糊。后来三星把所有业务交给一家品牌公司负责，实现了品牌形象的统一。

·2012-4-15·

#三星的成功之道（五）：卓越的渠道建设#一是不拘一格发展代理商，欢迎所有的行业代理商加入；二是把经销商分成核心、战略、认证三大类进行科学管理；三是开发了 B2B 商桥，大客户部可以与经销商进行良好的沟通，支持渠道商的销售；四是从低价卖场撤往高端卖场，使三星在消费者眼中变成高档货。

·2012-4-16·

#结构化思维：高效的思维模式#面对熟悉的问题，我们不用多想也知道该如何处理。而面对陌生的或较棘手的问题，则需要结构化思考这一工具帮助我们迅速解决。再复杂的问题，都可以从逻辑层次上进行划分，从整体到局部，从宏观到微观，一生二，二生三，三生万物，不断地细分，直到把问题分到落地为止。

·2012-4-17·

修正药业

#先做强再做大#李东生崇尚"做大不一定做强，做不大一定做不强"，结果TCL既不大也不强。注重短期利益，不愿在产品研发和品牌建设上下功夫是中国企业不强的根源。如果没有品质和品牌的规模就是艘小木船连接而成的"航空母舰"，毫无战斗力。苹果从不在乎规模，只在乎提供革命性的产品，规模反而很大。

·2012—4—18·

#吐故纳新，生命才会生生不息#牛根生曾说过："凡系统，开放则生，封闭则死。人亦如此。"所以无论毁誉，牛根生都以传奇的方式创造了一只快速奔跑的蒙牛。道理如此简单，我们却很难真正放下自己内在的执着而敞开胸怀去倾听他人的意见或建议。坚持封闭的心态、拒绝接纳和改变，就意味着成长的停止。

·2012—4—19·

#删繁就简才是本事#把简单的事情弄复杂，容易；把复杂的事情整简单，困难。为什么？因为没搞清楚的，才是复杂的；搞明白的，就变得很简单。需要很多页PPT说明问题，证明事情还没搞明白；如果谈话一分钟还没有谈清要点，证明思路还是混乱的。无论日常沟通、商务往来，还是策划思考、日常管理，删繁就简才是本事。

·2012—4—20·

#公关活动也需要高反差#一只白胖胖的白人大手与一只骨瘦如柴的黑人小手放在一起，是一幅杰出的摄影作品，因为它运用了高反差、强对比的拍摄手法。公关活动也需要高反差。在最落后的地区办最时尚的走秀，在最现代的地方上演最原生态的舞蹈，才能引起轰动。高反差、强对比能自动爆发出巨大的影响力和传播力，四两拨千斤。

·2012—4—21·

gsk
GlaxoSmithKline
葛兰素史克

葛兰素史克

#国美新政#临危受命的老板娘杜鹃主导国美，柔弱的女子波澜不惊，用高超的手腕化解了潜在危机，一是改组董事会，增加人数，减少新股发行比例，从制度上保证不会出现大股东逼宫；二是整顿队伍，对站错队的干部既往不咎；三是增设副总裁，进一步分权；四是改革原来由职业经理制定的期权不与业绩挂钩的制度。

·2012-4-22·

#小米成功不小#小米手机在当下无疑是热门产品，其知名度之高似乎不亚于苹果。小米的成功主要有两点，一是对手机发展趋势判断准确，它认定未来的互联网一定是以手机为终端的，占领终端才能成为王者。第二，其定位策略高明，相对于硬件厂家，它价格低而配置高；相对于软件厂家，它硬件配置高而软件多。

·2012-4-23·

#华为 CEO 六个月轮换制度#这是一个很好的创新。或许，这一制度可带来以下好处：一是避免决策由一个人主导，小组的集体决定不容易犯方向性错误，更不会因个人偏执带来误判；二是改变传统 CEO 对董事会负责在经营中趋于保守的现状，转向积极创新；三是改变传统 CEO 过分关注短期业绩，转向注重长期规划。

·2012-4-24·

#老板要勇于革自己的命#中国的企业，差不多都是老板说了算。这在早期攻城略地、野蛮生长之时，尚无大碍。但企业上了规模后，还是由老板说了算就很容易给企业带来伤害。老板个人性格、偏见都可能带来方向性的错误。此时，老板要勇于自己革自己的命，把自己的权力减小，让自己的权力受到制约，这样才能走得长远。

罗氏

·2012-4-24·

 # 郎酒的"三个代表"可能最终什么也代表不了 # 产品越聚焦，品牌越清晰。品牌往往只能代表某一品类，茅台代表最高端的酱香型白酒，五粮液代表最高端的浓香型白酒，郎酒原本仅有酱香型，后发展出浓香型和兼香型。白酒的三大香型同时发力，在短期内可以提升销售额，从更长远看，可能正是陷阱。

· 2012–4–25 ·

 # 郎酒的两种品牌战略 # 第一种，继续目前的多品类策略，但要重新梳理，酱香型白酒用郎酒品牌，浓香和兼香启用新的品牌名称，以郎酒今日之财力和渠道能力，3–5 年新品牌完全可以建成。第二种，专注于酱香型白酒，铺设高中低产品线，茅台形象老气横秋，郎酒则以时尚与之区隔，口号可用：中国郎，时尚郎。

· 2012–4–25 ·

 # 中国的中小企业，须用两条腿走路 # 一是搞好政商关系，二是做好经营正道，两者都应重视，而不能偏废。有的老板用大部分精力去搞政府关系，投入在企业自身的精力偏少，企业的生存依赖于某些官员，结果官员一倒台，企业也跟着倒闭；有的老板专注于企业，维系商政关系的精力过少，也会失去很多发展机遇。

· 2012–4–26 ·

 # 考硬功夫，最好是现场做 # 面试应聘者，以前听其言观其形象，现在需听其言观其行动。口才可以训练，讲话也有技巧，资料能够做假，履历也可编造，在包装之下很难见到真实的水准。根据应聘的岗位设计试题，现场或写策略或写文案或做设计，其思路开阔否、文采好否、有灵气否、南郭先生否立见分晓。

· 2012–4–27 ·

辉瑞

#真正能打动人的，是形象不是抽象 #营销大师爱玛·赫伊拉说，不要卖牛排，要卖煎牛排的滋滋声。无论是广告还是面对面营销，打动消费者的不是空洞的道理，而是声色味等具体的体验，比如农夫山泉有点甜。高明的演讲者一定会通过现场的音乐、灯光、道具和手势的起承转合、声音的抑扬顿挫等手段打动听众。

·2012-4-28·

#品牌名称的力量 #星辰急便总裁陈平传闻跑路，玩味其品牌名称和其以猴子形象为主体的标识，就觉得企业破产命中早已注定。星辰急便名称加标识，至少会产生两个不好的联想，一是猴急猴急的，不淡定；二是内急了，急着想方便。谁放心把物品交给时刻都急躁的公司去递送？陈平承认管理上犯了急躁的错误。

·2012-4-29·

#大道至简 #摄影作品需要主题突出，杂乱的景物不能拍进去。广告设计已经过了为设计而设计的时代，需要简单直接地表现产品或创意。工业设计简洁也是趋势，苹果领先外观简洁的时代，创造了品牌传奇。三星、华为等手机品牌都在学习苹果的外观风格，但是只有让手机的操作也变得同样简洁才能成为将来的王者。

·2012-4-30·

2012.5

#品牌命名需要智慧#全球最大的家电零售商百思买在华水土不服，关闭多家门店。百思买，顾名思义，需要反复思考才购买，如此命名不影响销售才怪。有人建议中国首艘航母取名施琅，用收复台湾的将军命名，易引起台湾的悲情反弹。以国父中山命名，尽管能超越党派之争，但因原中山舰被日军炸沉，也不宜取。（2012-5-15）

修剪枝蔓，突出主干

 # 品牌绝非靠策划，而要靠管理 #品牌的成功既需系统规划、精心管理、360 度全方位维护；也需企业与外部合作机构协同完成。内部人员对企业情况熟悉，但其思想易受情绪、上级、老板的影响而较难站在更公正客观的立场，且有"不识庐山真面目，只缘身在此山中"之困；外部机构则能保持专业性的同时独立思考。

· 2012-5-1 ·

 # 能控制情绪靠能力，能不让情绪发生靠智慧 #我们常被教导混社会混职场，20% 靠智商 80% 靠情商，于是很多人拼命地压抑自己的情绪，学日本武士狠命念忍字诀。殊不知，强忍情绪容易受内伤。最应该锻炼的是从究竟上解决问题，不让情绪发生，修为到不受外物影响，不以物喜不以己悲，即获得佛教正见的境界。

· 2012-5-2 ·

 # 员工福利解决之道 #研究海底捞等企业的成功经验，有如下体会：一是福利要超越员工期望，不要说得很好而实际做得差，宁愿说得保守而做得更多；二是福利宜多元化，可以把高薪做一些分解；三是福利的兑现宜细水长流；四是福利宜注重员工情感精神体验，尊重、关心和自我成长的实现；五是福利不宜过度化。

· 2012-5-3 ·

 # 成功品牌的名称应成为品类的代名词 #谈住宅地产，会想到万科；谈商业地产，会想到万达；谈产业地产，会想到万华；谈奶茶，会想到香飘飘；谈跑车，会想到法拉利。实现的策略：一是开创品类，比如万郡房产可提钢构住宅第一品牌；二是宣传上的链接，比如香飘飘最早的广告就是"香飘飘奶茶，奶茶香飘飘"。

百思买

· 2012-5-4 ·

#聚焦的威力#在希波战争中，弱小的叙拉古城邦遭到强大的罗马军队围攻。面对罗马调来的强大舰队，在一个骄阳似火的中午，阿基米德召集叙拉古城内的妇女小孩，每人拿着镜子，集中向一艘罗马战舰的风帆上照射，不一会儿船帆就着火了，火随风势，相邻的战舰全都着火，罗马士兵死伤无数，不战而败。

·2012-5-5·

#专一的选择和专注的努力，才能形成独有专长，形成自己的核心竞争力#做品牌，首先要选择专一的品类，只练一门功夫；其次还需要专注，沉下心来，苦练狠练，终能成正果。《天龙八部》中的苏星河绝顶聪明，广泛涉猎棋琴书画，精力分散，在每一领域均做不到第一。令狐冲只练独孤九剑，武功即为天下第一。

·2012-5-6·

#做品类创新胜过做得更好#果汁与牛奶市场竞争很激烈，创造一个果汁加牛奶的营养快线品牌让娃哈哈斩获颇丰；香飘飘开创了杯装奶茶新品类，跟进者香约和优乐美短期内很难撼动其第一的位置。万郡房产是中国钢结构住宅品类的开创者，品牌营销的核心应是通过多种途径强化这一定位，并成功进入顾客心智。

·2012-5-7·

#学会感谢对手#对手的经验我们可以学习借鉴，自觉获得成长；对手也会给我们压力，迫使我们变革创新，被动获得成长。品牌运作，需要和对手共同促进消费者对新品类市场的认知；在企业内部适度的竞争会带来团队的自觉进步。所以，民主国家要么两党制要么多党制，相互监督和促进。竞争才会带来活力。

·2012-5-8·

天猫 TMALL.COM
天猫网

#新媒体之下的客户关系策略#传统营销以企业为主体，采取的办法是"推"，企业主动，顾客被动，顾客容易相信广告和促销。现在各种新媒体兴起，顾客变得主动，他们会通过各种途径搜寻想要的或感兴趣的东西，并不一定相信企业的宣传。这时企业应把传统媒体与新媒体系统整合，与顾客平等互动、对话，建立更好的沟通关系。

·2012-5-9·

 # 依靠个人品牌建立的产品品牌两者在精神、客群方面应高度重叠，才能良性互动#"姚明"牌红酒，定位为中高端，借助于姚明影响力，姚明红酒会有一定的市场。但市场究竟有多大很难说。姚明红酒的客户群与其粉丝有很大错位，大量粉丝不一定产生大量的购买行为。姚明牌篮球用品或许比姚明牌红酒的生命力更强。

·2012-5-10·

 # 品牌势能：高度决定力度#高山上的石头轻轻一推即可滚下山坡，而在平地的则需很大的推力才能发生位移，原因就在于前者有势能，后者没有。做品牌做营销也要善于营造势能，品牌定位高端，顾客会产生高价格的心理预期，而实际卖价并不如想象的高，心理落差就形成了势能，顾客在强大的势能面前很容易下单。

·2012-5-11·

 # 价值观是企业内部的行为准则，是不可挑战的底线#去年阿里巴巴因为供应商欺诈，CEO 卫哲和 COO 李旭晖引咎辞职，今年聚划算又闹出小二利用职务谋利的丑闻，马云倡导的诚信价值观再次受到质疑。企业如果不能坚守正确的价值观，内部必将滋生腐败，外部必将损坏顾客利益，结果必将神马都是浮云。

·2012-5-12·

JD.COM 京东

京东网

105

#乙方的身份，甲方的心态#合作或因熟识、或因关系、或因欣赏，但无论哪种情况，乙方都应清楚自己乙方的身份，不能因关系等原因而懈怠、傲慢，否则既做不好眼前事情，更不可能长久合作。同时，乙方做事时，应该有甲方的心态，站在甲方的立场考虑问题，只有甲方的价值产生了，乙方的价值才能体现。

·2012-5-13·

#品牌需锁定客户群#奔驰如果把所有人当成客户，它还是奔驰吗？茅台如果把所有人当成客户，它还是茅台吗？梦想自己的产品适合所有人，这是基于营销而不是基于品牌常犯的错。先品牌定位，锁定客群，再系统规划，设计产品，然后精准营销，才能树品牌、提销量。这才是策划的王道。

·2012-5-14·

#品牌命名需要智慧#全球最大的家电零售商百思买在华水土不服，关闭多家门店。百思买，顾名思义，需要反复思考才购买，如此命名不影响销售才怪。有人建议中国首艘航母取名施琅，用收复台湾的将军命名，易引起台湾的悲情反弹。以国父中山命名，尽管能超越党派之争，但因原中山舰被日军炸沉，也不宜取。

·2012-5-15·

#品类开创者所面临的挑战是如何保持行业老大的地位，如何从进攻战进入防御战#连小学生也知道世界第一高峰是珠峰，知道第二高峰者就寥寥无几，因此，保持品类第一是品牌致胜的保证。一是强化自我定位，比如王老吉的"凉茶始祖王老吉"；二是做好基础研发与管理，保持品类的核心技术领先及运营管控领先。

·2012-5-16·

#世上没有真正的蓝海#有些概念具有很好的营销价值，但对企业的借鉴意义并不大。比如说"蓝海"这一概念被炒得火热，其实市场中并不存在真正的蓝海，或者说长久的蓝海。企业进入新领域，开创一片所谓的"蓝海"只是暂时抢得先机，随后跟进者将会很多，蓝海马上变红海。因此，做好产品搞好服务才是根本。

·2012-5-17·

#某一品类的成长，需要多品牌共同努力#如果全世界只有一个品牌的啤酒，只有一个品牌的汽车，市场会怎样？没有竞争者，也要制造竞争者。箭牌先后推出绿箭、黄箭、白箭、益达、劲浪等五大主力口香糖子品牌，看似自己打自己，实为培育市场的好办法。结果在消费者心智中"口香糖等于箭牌"，稳居品类第一。

·2012-5-18·

#产品需不断进化#达尔文创立了生物进化学说，是生物界发生发展的规律性解释。进化也是产品发展的规律。电视从黑白进化为彩色，从显像管进化为液晶，从平面进化为3D。方太油烟机从深型吸油烟进化为人工智能，再进化为"欧式外观中国芯"，现在进化为"高效静吸"。物竞天择，适者生存，同自然界一样，产品也需不断进化。

·2012-5-19·

#产品需要不断进化才能立于不败之地#苹果再进化，也只是好一些的苹果，同类苹果之间的品牌竞争是很残酷的。有效避开竞争创建品牌的捷径不是进化而是分化。可口可乐因为从饮料市场中分化出一个可乐品类而获得成功，七喜创建了一个"非可乐"的品类而获得成长，花生牛奶从牛奶中分化出来也获得发展。

·2012-5-20·

#政府在哪里，哪里才是真正的中心# "都市中心"是一个相对宽泛的概念，一个城市可能有几个中心，也并没有明确权威的标准。我们剥笋式思考，决定某楼盘是都市中心的关键是什么，在中国无疑是政务中心。政府在哪里，哪里才是真正的中心。因此，政务中心是政务区域内楼盘保值增值最强的背书。

·2012-5-21·

#万达院线的启示# 万达集团以31亿美元巨资收购了全球第二大院线 AMC 100% 股权。本是亚洲第一的万达院线借此而成为全球最大的院线营运商。商业地产出身的万达集团，早就利用万达广场的平台优势而投资电影院线及电影制作。由此至少透露两个信息：一是投资者对文化产业的信心；二是未来资本运作，兼并重组的趋势会更明显。

·2012-5-22·

#两句三年得，一吟双泪流# 这是唐代诗人贾岛的诗句，形容精美的诗句得之不易。要创作出好的广告语也如此，广告语难在只能用一句话表达产品或品牌的核心卖点。广告语的价值诉求应符合以下原则：第一，宜集中在一点上，如"使命必达"；第二，宜具体，不能空泛，"永远的绿色，永远的秦池"，所以秦池垮了。

·2012-5-23·

#严控下的地产未来# 过去，任何人都可以做房地产，且一做就赚大钱，这种不正常的现象不可能持久。现在，政策严控之下的地产商，不应误判形势和政府博弈。未来，房地产暴利时代结束，地产商应有几个基本的价值判断：一是房地产行业仍可投资；二是产品进入精细化时代；三是必须进行品牌经营；四是必须提升服务品质。

·2012-5-24·

Suning 苏宁

苏宁电器

#政府公共设施的命名不宜采用未经历史认可的个人及产品名称# 近日，五粮液命名机场事件不断发酵，网友顺势调侃出北京二锅头机场、青岛啤酒机场等。宜宾市政府回应认为此举能提高宜宾市和五粮液的知名度和影响力，是双赢的合作。假如五粮液出了天大的质量事故，抑或因故倒闭了，五粮液机场将如何面对？

·2012–5–25·

#凡客利用网络表白日向它的目标客户群好好表白了一下# 其互动营销成功的原因：一是找准时间，定在 520 网络表白日；二是启用 80 后偶像李宇春，锁定年轻网友，定位精准；三是"我爱你，无所畏"主题契合年轻人的情感需求，引起共鸣；四是系统策划，从前期的凡客粉丝团泄密，到后来的有奖转发，继续营销保温。

·2012–5–26·

#规定苍蝇的数量体现了政府公共事务管理的进步# 北京公厕规定苍蝇不超过两只，又引来围观，批评者认为这体现了管理者急功近利的心态，有依赖一纸标准的懒政之嫌。从精细化管理的角度看，规定蚊子的数量无可厚非，没有量化的标准，就无法检查考核，也就不能落地执行。空泛而不具体的规定才是一纸空文。

·2012–5–27·

#龙湖的成功之道（一）：会卖房子# 龙湖可能是中国最会卖房子的开发商，龙湖每进入一地，都会先建别墅，以高品质打开市场，随后开发普通住宅，高端品牌势能大大促进了普通住宅的销售。同时，卖房之前，先做景观，前期景观大气甚至有些奢华，把钱花在看得见的地方，对于购买者具有很大的诱惑力和推动力。

国美电器

·2012–5–28·

龙湖的成功之道（二）：苛求品质 #宋卫平认为房子
品质能比得过绿城的只有一家半，一家是星河湾，半家
就是龙湖。自视甚高的绿城曾派出 100 多人的阵容去龙
湖楼盘学习。龙湖的品质体现在：第一，前期人性化设
计；第二，选材及建设质量把控；第三，花费少品质高，
绿城用 200 种材料做的品质，龙湖 100 种就可以达到。

·2012-5-29·

龙湖的成功之道（三）：精细管理 #龙湖在项目管理
时注重结果也注重过程，项目管控在中国地产界可能是
做得最严密的，被王石誉为很"可怕"。龙湖在项目正
式运作前，由主要职能部门虚拟搭建完整的开发运营过
程，整个过程被细化为 1000 多个时间节点，大到工程
进场、销售时间，小到门窗安装进度，细致无比。

·2012-5-30·

龙湖的成功之道（四）：现场解决 #龙湖的项目管理
似乎更像工业流水线，每个节点必须按时完成，否则将
接受严厉惩罚，比如地区公司接受高额罚款。相关负责
人只要在现场发现了问题，就会要求现场解决。如果现
场做不到或拿不出有效的解决办法，执行者就得走人。
在龙湖工作就得全力奔跑，否则就只能被淘汰。

·2012-5-31·

龙湖的成功之道（五）：复制项目 #龙湖快速开发实
现高周转率的一个原因是它的成品房策略，90% 的复制
加上 10% 的创新。复制包括产品外观和合作分包方，
创新则是视地区差异而做的调整。与一般开发商以容积
率搭建产品模块不同，龙湖模块细致到平面布局、景观、
户型等；檐口、门窗、色彩等也形成可复制标准。

·2012-5-31·

大众点评网

 # 龙湖的成功之道（六）：信息平台 #吴亚军对信息化建设异常重视，用了五年时间才建立起公司的信息管理系统，吴曾说"不能光靠人来管理，信息系统不建好，龙湖不扩张"。依靠这一系统，龙湖实现了随时掌控项目情况，及时调整策略，从而更有效地掌控局面。依靠这一系统，龙湖可以快速复制龙湖。

· 2012-5-31 ·

 # 龙湖的成功之道（七）：组织管理 #在被冯仑形容为房地产行业"野蛮生长"的时代，龙湖就坚持"正规"地管理公司。在以金钱激励为主的地产行业，团队往往缺乏凝聚力，形势一旦不好，销售员则会各奔东西。龙湖的销售员大多是从名校招聘的应届毕业生，基层打磨更能锻炼人。龙湖很多经理都是销售员出身。

· 2012-5-31 ·

 # 龙湖的成功之道（八）：企业文化 #龙湖掌门人吴亚军希望营造公平性和归属感。龙湖的员工手册甚至把一些看似无关紧要的内容作了规定，比如，内部员工能不叫"总"的就不叫"总"，反对内部开会时给领导排座次，反对下级给上级拎包、开电梯等。龙湖的奖励既看个人也看团队。内部管理严苛，龙湖依然温暖。

· 2012-5-31 ·

乐峰网

2012.6

#分区域管理或致品牌形象模糊 #吉利汽车营销架构进行大调整，帝豪、全球鹰、英伦三大品牌事业部构成的品牌垂直管理改为北区、中区和南区三大区域营销事业部。改革的本意是进一步下沉渠道，挖掘区域市场潜力。吉利集团三大品牌在消费者心智中定位并不清晰，此时分区域管理，或许能取得销量的暂时提升，但各品牌的市场形象将会更模糊。（2012-6-18）

阳光雨露，滋养有度

 # 龙湖的成功之道（九）：成本控制 #龙湖的厉害之处在于，花的钱不多但看上去品质却很高，竞争对手要达到同样效果，成本需要增加 20%—30%。究其原因，主要有几点：一是复制成品房；二是先算账再设计；三是严控硬景面积，硬景的花费比铺草种树要贵得多；四是巧用建材，比如不用天然石材，而用文化石拼砌。

·2012-6-1·

 # 龙湖的成功之道（十）：反应迅速 #去年十月突然发动"华东抢收"计划，上海杭州推出 1000 套房源，5 天认购 20 亿，去化率达 90%，大幅降价顺应市场，从而拥有充足的现金。十一月龙湖与保利在大兴较量，龙湖抢先开盘，一下午就售罄。龙湖现在想的是跳出房地产行业将如何发展，对大势走向的反应速度可见一斑。

·2012-6-1·

#APP 营销的特点 # APP 是在手机等平台上运行应用程序进行营销，相较传统手机媒体营销主要三点不同：一是传统手机媒体以短信发送为主，APP 则将信息植入应用程序；二是传统手机媒体主要是文字信息，APP 则包含图片视频甚至游戏体验；三是传统手机媒体用户是被动接受信息，易产生逆反心理，APP 是用户自行下载。

·2012-6-2·

 # 包括房产广告在内的所有广告首先考虑的不是美观问题 #而应是：第一，有没有清晰而能打动人心的卖点；第二，能不能让受众记住，最好能过目不忘；第三，广告的风格与品牌的内在调性是否一致，比如品牌是时尚的广告也应时尚，品牌是现代的广告就不宜古典。这些深层次问题弄明白了再考虑设计的美观与否。

·2012-6-3·

FOTILE 方太
中国高端厨电专家与领导者

 # 农夫山泉更换形象的背后是战略的调整 #农夫山泉放弃"农夫山泉有点甜"口号，启用新口号"大自然的搬运工"，新的标志及包装与世界最贵的矿泉水依云有几分相似；把原包装上千岛湖的风景换成抽象的山水，表明农夫山泉坚持"天然水源"的定位没变；放弃千岛湖唯一取水地策略而在全国选取优质水源更显明智。

· 2012–6–4 ·

 # 做政府想做的，做市场需要做的 #或将成为世界五百强的绿地集团成功之道至少有两点：一是紧跟政府步伐，做政府想做的。政府想做的事往往代表着发展方向，市场空间很大。二是做市场需要做的。这也是对市场趋势的准确把握。6 年前绿地就预见到楼市危机而进入商业地产、能源及金融领域。现在，拟在韩国开发项目，开始国际化之路。

· 2012–6–5 ·

 # 我们需要循序渐进的变革，而不是急风骤雨的革命 #美国为什么能成为世界第一？原因之一：美国自建国以来，除了南北战争外没有发生过大的革命，美国的价值观、宪法精神、国家政体等没有本质改变；无论哪一党派上台，都没有颠覆上届的政策而另搞一套，而是在继承的基础上微调和改善。做企业也应如此。

· 2012–6–6 ·

 # 一个索尼 #新任 CEO 平井一夫希望以积极变革将陷入泥潭的索尼拯救出来。索尼的随身听被苹果 Ipod 抢去风头，液晶市场被三星抢占，最早研发出 OLED 技术也被三星抢去 95% 的份额。索尼落后的原因之一是内部浓烈的工程师文化，工程师与软件设计师不相融，失去了硬件与软件融合的时机。因此，索尼提出了"一个索尼"的口号。

· 2012–6–7 ·

CHANGHONG长虹
快乐创造C生活

 # 不同档次不同定位的产品宜采用不同的品牌名称，也即多品牌策略 #比如汉庭拥有标准经济型酒店"汉庭"、中端"全季"、百元店"海友客栈"、非标准中端"星程"。多品牌策略能更精准地锁定顾客，方便其认知和选择，同时某一品牌出现危机，也不易波及到其他品牌。当然，以低端品牌汉庭作集团名则不妥。

·2012-6-8·

 # 民营企业创始人在公司内部个人影响太大，一言堂弊端往往影响决策的科学性 #绿城出售多个项目给 SOHO 中国和融创中国后，又向香港九龙仓配股并发行债券，九龙仓成为绿城第二大股东。对于绿城来讲，九龙仓参股的意义除了增加财务稳定性、优化资本结构和提升品牌影响外，未来的绿城战略或将调整。

·2012-6-9·

 # 未来商业竞争的发展趋势是满足个性化，市场不断被细分，更多短期的商机也会涌现，一招鲜吃遍天的情况将不复存在 #比如高考经济，考生穿耐克，因为耐克的标志是"勾"；不穿特步，因为特步的标志像"叉"。尽管今年裸考不能带文具，但被称为状元笔的英雄钢笔却能卖到 800 多元，图个吉利，也可当礼品。

·2012-6-10·

Haier
一个世界一个家

 # 卖品牌需要升华到卖文化 #卖产品往往集中于产品的利益点，但人很多时候并不受利益驱动，比如人人都知道抽烟有害健康，却照抽不误。卖品牌则需要升华到卖文化。年轻人学抽烟多半是为了装酷，万宝路抓住这一核心，用勇敢、冒险、勇往无前的西部牛仔形象向全球推广，结果让全世界无数的青少年误入歧途。

·2012-6-11·

 # 问题就是机会 # 目前国内留学市场比较混乱，无资质小企业多，前期咨询不专业，学生到校后啥都不管。这些问题就是机会，想要有所作为的留学中介机构，可以延长服务线，前期做细咨询，中期就学生在校情况与家长良性互动，远期提供就业服务，这既可解除家长担忧，又增加价值链，提高了收益。

·2012–6–12·

 # 更好的用户体验，才是致胜之本 # 就智能手机而言，目前的竞争已经完全超越拨打接听电话的通信功能，有更好的用户体验者才能成功，如更时尚的外观、更快的速度、更好用的软件、更好听的声音等等。其他行业也一样，应该围绕用户体验这一核心来设计制造产品和做好服务。套用一句广告词：感觉好才是真的好。

·2012–6–13·

 # 有相无心，相由心灭。有心无相，相由心生 # 做人如此，做品牌也如此。如果一个产品，没有特征，没有性格，没有价值观，这个产品迟早都会消亡；相反，如果一个产品有追求有梦想，有自己的性格和独特的价值主张，即使规模不大，甚至还不完美，但它必然有生命力能成为响当当的品牌。心念决定一切。

·2012–6–14·

 # 巴菲特午餐，个人品牌营销典范 # 创意：首创午餐拍卖，既扬名又获利；坚持：从 1.8 万美元到 300 多万美元，十三年坚持不懈。今年的策略，传闻：江湖传闻这可能是巴菲特最后一次午餐；悬念：结束前一小时价格才 100 万美元；吊诡：最后一小时，价格猛涨超去年 31%；玄机：竞价为 345.6789 万美元，引来无数猜想。

·2012–6–15·

lenovo
只要你想

 # 品牌识别：简单就是力量 # Twitter 发布了新品牌标识，新的小鸟图标由三套互相重叠的圆圈勾勒而成，代表了"网络、兴趣和想法相结合，并与其好友产生交集"。与旧图标相比，小鸟羽翅减少了一根，头上的羽毛被去掉，取消了原图标中气泡状文字，寓意展翅高飞。Twitter 就是这只小鸟，这只小鸟就是 Twitter。

· 2012-6-16 ·

 # 孝的第一要义 # 今天是父亲节，很多父亲会收到儿女的短信或礼物，感受到一份孝心。孝是中国文化最核心的文化之一，所谓"百善孝为先"。但儿女究竟该如何孝长辈？儒家《孝经》开宗明义："身体发肤，受之父母，不敢毁伤。"因此，孝的第一要义是：爱惜自己的身体，不透支不糟蹋；关照好内心，豁达乐观健康。

· 2012-6-17 ·

 # 时间的意义 # 1967 年 9 月 13 日贺龙专案组成立，1971 年 9 月 13 日，林彪在温都尔汗机毁人亡。1969 年 6 月 9 日，贺龙去世，电闪雷鸣，天降大雨，此后每年 6 月 9 日都是大雨。1973 年 2 月 29 日，毛泽东讲话，"我看贺龙没有问题，我有缺点听了一面之词"，这一年的 6 月 9 日没有下雨。

· 2012-6-17 ·

 # 我的城市，我的地方 # 余秋雨在承德避暑山庄文化峰会上演讲："我在二十几年前一个非常偶然的机会来到了承德，就写了那篇后来影响很大的《一个王朝的背影》。到现在为止，台湾的语文教科书里还有这篇文章。我就感到承德与我有血肉关系，承德就成了我的城市，我的地方，即使我不来，我心中老是在想着承德。"

· 2012-6-17 ·

Hisense

创新就是生活

119

 # 余秋雨演讲的内在逻辑 # 余秋雨先生不愧为大师（当年毕业就是怀揣友人赠送的《文化苦旅》而踏上社会），在承德的演讲随手拈来，即为佳构。开篇几句话就建立一个宏大的话语逻辑，至少传达了几层含义：第一讲了认识承德的时间长度；第二讲了认识承德的思想深度；第三讲了承德因文章产生的影响宽度；第四讲了与承德的情感热度。

·2012-6-17·

 # 分区域管理或致品牌形象模糊 # 吉利汽车营销架构进行大调整，帝豪、全球鹰、英伦三大品牌事业部构成的品牌垂直管理改为北区、中区和南区三大区域营销事业部。改革的本意是进一步下沉渠道，挖掘区域市场潜力。吉利集团三大品牌在消费者心智中定位并不清晰，此时分区域管理，或许能取得销量的暂时提升，但各品牌的市场形象将会更模糊。

·2012-6-18·

 # 电视剧也是产品，也要符合品牌的规律才能成功 # 首先要讲好故事，拍摄、演员、音乐、剪辑也要有特色，好产品是基础。其次是发行，发行就是营销，既需要做好推广策略，提炼个性化的主题，策划新闻、公关等活动，又要做好定价、客群选择等销售工作。

·2012-6-19·

 # 恒大踢足球玩音乐，进军文化产业，福兮祸兮 # 恒大集团在恒大足球的基础上成立音乐公司，从事音乐制作、发行、艺人包装、无线增值营运及演出策划、音乐版权代理等业务，这是恒大从房地产淡出的战略转型，还是地产、体育及文化三条腿走路？是更大成功的开始，还是战略失败的开始？

·2012-6-19·

Joyoung 九阳
健康·快乐·生活

#制定战略的新方法 #维基媒体启动了一个新网站专门为企业提供战略，广泛听取网络志愿者的建议，形成一整套完整的战略规划及执行方案。此举打破了传统战略制定依靠少数高管或顾问的做法。好处至少有两点：一是来自各层面的意见让战略更科学和全面；二是员工变成了战略的参与者而不仅是执行者，更有利于新战略的推行。

·2012-6-20·

#共享核心优势 #一直专注于做饮料的娃哈哈进军零售领域，拟在杭州钱江新城投巨资开设欧洲精品商场，其运作的模式有两种，一是在全国开设欧洲精品商场，厂商直接开店或设专柜；二是娃哈哈作为欧洲品牌的总代理，吸引加盟商。娃哈哈延伸到商业零售产业或许会成功，因其新产业可共享原有的销售网络优势。

·2012-6-21·

#关于端午节的另一种猜想 #屈原与楚怀王之妃郑袖有恋情，被政敌利用，先被流放，后被宫廷派出的武林高手追杀，在汨罗江畔，被杀手装进麻袋扔到江中，喂了鱼虾，碰巧被老百姓看见。不知内情的老百姓同情屈原，就仿照装了屈原的麻袋形状制作了粽子，每年投江以纪念他。多年以后，风俗形成，是为端午节。

·2012-6-22·

#直接的销售是过去式，现在销售的利器是服务 #苹果店铺的选址及陈列设计都煞费苦心，但并不刻意卖产品给顾客，其目的是建立与顾客轻松沟通的空间，顾客可以自由体验、试用新品；在节假日等特殊日子，店里还会举办各类互动的主题活动，顾客在娱乐的氛围下参与，不知不觉中被营销。

·2012-6-23·

美的 Midea
原来生活可以更美的

121

#商业模式因时而变# 印度尼西亚的711不仅售卖便利用品，还有现场演出乐队、无线网络、啤酒、炒饭、汽水、薯条、面包、巧克力等，完全超越了其最初的商业模式，从售卖物品的便利店变成了售卖交流空间的社交场合。快节奏的生活、发达的互联网、网络社交兴起，年轻人需要这样氛围轻松而消费廉价的场所。

·2012-6-23·

#神龙蛟龙同时上天下海，是中国一次巧妙营销# 在复杂的政治经济形势下，既可提振国民信心，又能向世界展示中国力量。如果单单神九上天与天宫一号完美相吻，或者仅仅是蛟龙下潜深海创造世界纪录，其影响力都不如神九和蛟龙两兄弟同时发力，一个上天，一个下海，集中亮相的营销效果是几何倍数级的。

·2012-6-24·

#同走长征路，迥异影响力（一）# 新闻报道广东男子罗德祥花三年多时间重走长征路的事迹，联想到二十多年前经济日报记者罗开富重走长征路。两位同姓罗同走长征路，但其结果和意义却不同，今日尚有雅兴，并未查阅更详尽的资料，仅作了浅薄的比较，但愿这些比较分析对个人品牌和产品（企业）品牌的塑造都有点帮助。

·2012-6-24·

#同走长征路，迥异影响力（二）# 广东男子罗德祥2008年辞去工作重走长征路，希望借此宣传红军文化，弘扬红军精神，获得不一样的人生体验。红军装、肩扛红旗，腰挂带喇叭的MP3，这是他标准的行头。除一些跨省线路太远需坐车外，罗德祥每到一个城市都是走路，白天在街头散发传单，晚上住最便宜的旅店。

·2012-6-24·

掌握核心科技

 # 同走长征路，迥异影响力（三）# 重走长征路，罗德祥不是第一人。1984 年 10 月 16 日，在红军长征出发 50 周年之际，经济日报记者罗开富。踏上了重走长征路的征程。他历时 368 天，途经 11 个省、自治区，坚持步行，每天写稿，风雪无阻，伤病不歇，最终到达陕北吴起镇。25 年后，67 岁的罗开富又第二次重走长征路。

·2012–6–24·

 # 同走长征路，迥异影响力（四）# 罗德祥和罗开富，同姓罗同走长征路，但其影响却不可同日而语。究其原因如下：第一，个人禀赋不同。罗开富 19 岁参军，在云贵川等地修铁路，感受部队文化；37 岁随部队到越战前线，经历战火洗礼；39 岁成为云南站记者，对深入基层写出真实深刻的报道有了更新的认识。

·2012–6–24·

 # 同走长征路，迥异影响力（五）# 而罗德祥做汽车销售员的阅历无法让自己和罗开富一样厚重。第二，平台不同。罗开富时为经济日报记者，经济日报是国务院主办、中宣部领导和管理的中央级党报。1984 年，邓小平同志为经济日报题写了报名，此平台可谓超级。罗德祥作为普通老百姓，其平台只有腿上双脚。

·2012–6–24·

 # 同走长征路，迥异影响力（六）# 第三，支持力度不同。罗开富重走长征路，沿线政府、部队、百姓都给予了大力支持。第一次重走长征路时共有 2800 多名向导、陪同和 240 多名医生，第二次重走时也有志愿者陪同。罗德祥招募同行者，应者寥寥或被认为不可理喻，最具代表性的支持是邛崃一位大娘送了他一辆自行车。

·2012–6–24·

TCL

创意感动生活
The Creative Life

TCL 集团股份有限公司

#同走长征路，迥异影响力（七）#第四，时机不同。首先罗开富占了先机，是全世界第一个继红军之后原路走完长征全线的人；其次，上世纪八十年代初，中国正处于改革开放初期，社会正在经历大转型，从某种意义上讲是中华民族的一次新的长征。罗德祥处在驴友遍地、日行万里、环游地球、太空旅行的时代。

·2012–6–25·

#同走长征路，迥异影响力（八）#第五，要求不同。罗开富重走长征路学红军不怕苦不怕死，有"六个必须"：必须走原路，不准抄近路；必须徒步，不准骑马坐车；必须和红军一样 368 天走完；每天必须写一篇见闻稿；小伤小病必须紧持；中央红军休整期间，必须采访到红二、四方军路线。罗德祥要求并未如此严格。

·2012–6–25·

#同走长征路，迥异影响力（九）#第六，思考深度不同。罗开富参军亲身感受到了解放军不怕困难、敢于战斗的精神；对越自卫战在血与火中被红军精神所震撼；后来深入基层采访被大雪围困在高黎贡山，在红军爬雪山过草地精神的鼓舞下坚持前行，他是用生命感悟红军精神。罗德祥思考的落脚点可能仅在"别样人生"。

·2012–6–25·

#同走长征路，迥异影响力（十）#第七,系统性不同。罗开富 1982 年提出想采访长征路，经过两年筹备正式出发。整个过程获得全国乃至世界的热切关注，出发两个月后《经济日报》发行量由 90 多万份增加到 160 多万份。之后，路上日记汇集成《红军长征追踪》一书，横店影视城以此为蓝本，打造了"红军长征博览城"。

·2012–6–25·

华为，
不仅仅是世界 500 强

#同走长征路，迥异影响力（十一）#要成事，事前必须精心谋划，中间认真实施，事后继续发力，才能让一个策划产生最大的效应。罗德祥如果想让自己重走长征路的行为有更大的意义和价值，必须做好事前、事中及事后一系列的谋划，获得足够关注，引发社会思考，否则他收获的仅是个人体验，而与他人和社会无关。

·2012-6-25·

#虚弱的根基，一根稻草就能压倒#迈士通是造出无人机的民营企业，目标是做"高新技术王朝"，规划了4个产业群和6个生产基地，但老赵很快陷入一系列债务危机而"进去了"。老赵的问题出在胆子太大，一分钱要做十分钱的事，有条件要上，没条件也要上，不倒才怪。

·2012-6-25·

#艺人的专长在艺，不在商#传闻台湾综艺天王吴宗宪不动产及银行存款被法院查封，月入500多万台币的吴哥因投资LED产业而一度负债达到6亿元，弄得自己卖掉4亿多豪宅改租住，多部百万名车变现而改坐小黄。并非艺人不能从商或投资，只是艺人的专长与商人能力并非一致，能做到完美融合者凤毛麟角。

·2012-6-26·

#少些非分想法，才能长久安稳#影星歌星投资失利不止吴宗宪。张咪去年就曾因涉嫌非法集资而被公安机关从机场带走。钟镇涛投资房地产，结果一败涂地；姜育恒投资赶上东南亚金融风暴，结果输得精光；王杰投身商界，结果一下"回到解放前"；周华健开主题餐厅，结果门可罗雀，投资其他生意也血本无归。

·2012-6-26·

 # 只有脚踏实地才会产生结果 #以前，考察用人的排序是：1. 能说会道；2. 有思想；3. 脚踏实地；现在，排序调整为：1. 脚踏实地；2. 有思想；3. 能说会道。脚踏实地是做人做事的第一要求。如果没有脚踏实地，能说会道就是夸夸其谈纸上谈兵；没有脚踏实地的行动，光有思想也只是黄粱美梦，不会有任何结果。

·2012-6-27·

 # 深沉厚重，乃第一等资质；磊落豪雄，乃第二等资质；聪明才辩，乃第三等资质 #这是晚明著名思想家、哲学家吕坤在《呻吟语》中的人才分类。观照现实的生态环境，第三等资质的人反而容易受到青睐，特别是能说会道口若悬河者更易受到重用。尽管本人也为提升口才而受训过，却时时告诫自己勿夸夸其谈空洞无物。

·2012-6-27·

 # 终端卖场氛围营造对于品牌塑造作用极大 #卖场设计的指导思想是人性化，让顾客愿意来，而且愿意呆更长时间，大型商超布局可以设置儿童游乐区、餐饮区、休息区等；更好地考虑顾客的体验，比如化妆品试用采用电脑模拟效果，或者产品陈列改为以颜色分区；灯光聚集于产品，减弱整体灯光营造温馨氛围。

·2012-6-28·

 # 警惕商业地产的陷阱 #住宅市场严控后，商业地产呈现疯狂增长。以成都为例，2011 年底，商业综合体项目超过 100 个，体量大多在 10 万平以上，未来两年还有 1000 万平的商业项目入市。将来商业地产商或许和目前住宅开发商境遇相同，原因有二：一是因住宅市场受阻才去搞商业地产；二是开发体量也超市场需求。

·2012-6-29·

Think Different

＃多品牌战略使奇瑞败象全露＃我曾撰文批评过奇瑞的多品牌战略，目前的市场表现和财报都是很好的证明。奇瑞的车型太多，各个车型并无鲜明个性，在市场上除了"便宜"的印象外，形象很模糊。奇瑞早期的发展完全得益于中国汽车市场需求的快速增长，并非品牌战略的成功。随着各大品牌纷纷布局中低端市场，低价的奇瑞败象全露。

·2012-6-30·

＃低端产品同样需要做品牌＃很多人有个误区：低端产品就不需要做品牌，只要祭上低价利刃就可以百战百胜。这是对品牌的严重误读。消费者在购物时有两个基本心智模式：一是首先考虑买什么品牌，再考虑买多少价格的产品；二是先考虑买多少价格的产品，再考虑此价格区间的品牌。购买的决定因素都是品牌。

·2012-6-30·

SAMSUNG

Turn on Tomorrow

2012.7

#模式创新，成就《中国好声音》# 在国家广电总局限娱令之下，各大卫视秉持上有政策下有对策之道，重新定位、规划产品，再度上阵。由星灿制作和浙江卫视合作的《中国好声音》热评如潮，创下本年度音乐类节目收视率之最。好声音实现了真正意义上的制播分离，即制播方紧密合作，共同投入，共担风险，共享收益。（2012-7-26）

持续生长，木秀于林

#剩者为王#京东和天猫等电商大打价格战，背后主要有两个目的，一是促销，增加产品销量；二是争夺顾客群。那些无力参与的中小电商则会在一轮轮价格大战中黯然退出，市场洗牌后的剩者才是胜者。各行业的品牌也如此，追求短暂的高速发展或许正迈向失败。稳健经营，比别人活得更长，要比短暂的精彩更重要。

·2012-7-1·

#汉王黄金屋的出路#汉王科技推出"黄金屋"电纸书，并自誉为"最好的电子阅读器"。要保持其长久生命应注意：一是持续改善用户体验，提高屏幕分辨率和刷新速度；二是增加预装内容，能随时上网阅读最新书刊；三是满足深度阅读人群的其他需求，比如邮件、输入等功能。否则，当 IPad 成本下降后，电纸书很可能被淘汰。

·2012-7-2·

#吴长江败走麦城的根本原因在于忽视了资本需要掌控权力和现代企业制度规范的双重力量#引进软银赛富和施耐德之后，自信的雷士创始人吴长江被迫退出管理层。吴长江曾以"经营人心"获得早期快速成长并成功化解内斗危机，但引进国际资本及跨国公司后，未及时调整思路，以为掌握了渠道、客户就可安然无事。

·2012-7-3·

#《赛德克·巴莱》真正的人#几年前看台湾电影《无言的山丘》、《红柿子》给我巨大震撼。没想到台湾电影居然有这样的深度。台湾史诗式巨片《赛德克·巴莱》，更让大陆电影界汗颜。最经典的台词："如果你的文明是叫我们卑躬屈膝，那我就让你们见识一下野蛮的骄傲！我们可以输掉肉体，但一定要赢得灵魂！"

·2012-7-3·

Stop Talking, Start Doing

#《赛德克·巴莱》真正的人#面对英勇顽强的赛德克族，原本发誓要一天拿下雾社的日本指挥官镰田弥彦，至此也不得不衷心佩服莫那·鲁道的骁勇善战，深深感叹："三百名战士抵抗数千名大军，不战死便自尽。为何我会在这遥远的台湾山区见到我们已经消失百年的武士精神？是这里的樱花开得太红艳了吗？"

·2012-7-3·

赞助作为公共关系的一种重要手段，也需要遵循专一的原则#网传李宁花20亿与CBA签订五年期赞助合同，引起关注。回顾李宁品牌近年来的赞助行为，尽管一直锁定在体育领域，但在具体项目的选择上却摇摆不定，先篮球，后羽毛球，再田径。不专注的结果是资源分散，没有延续性，无法集中形成强大的影响力。但愿此举是李宁回归专一的开始。

·2012-7-4·

中国红白黄三楼：黄楼#黄楼，山东德州。黄胜主政德州时所建，形似"黄"字。黄胜，江湖又名"黄三亿"，原山东省副省长，德州百姓称其手下有"四大金刚"或"八大金刚"，贪腐事项数不胜数。黄三亿估计开创了全世界用姓字设计建筑之先河。创意十足，想象丰富，有才！

·2012-7-5·

中国红白黄三楼：白宫#白宫，安徽阜阳。阜阳市颍泉区政府办公楼，形似美国国会山，老百姓称为白宫。白宫书记张治安，人如其名会治安，会受贿，会报复致人死亡。美国的国会山是立法机构所在地，代表着公平和正义。中国的白宫，代表什么？

·2012-7-5·

 # 中国红白黄三楼：红楼 #红楼，福建厦门。远华走私集团办公楼，楼表颜色红，故名红楼。实为赖昌星所建之玫瑰陷阱、腐败场所，多少达官显贵在此落马，赖昌星远遁异国，但终遭遣返，锒铛入狱。再奢华的红楼，无非黄粱一梦而已。

· 2012-7-5 ·

 # 成功或是失败之母 #好大喜功，盲目扩张，品牌延伸多元化，这是很多企业在取得阶段性成功之后的常规动作。初期的成功经验，或是未来失败的原因。一是时代在变，竞争环境日新月异，原有的成功经验未必有用；二是过多涉足陌生领域，精力、资金分散，管控难度大；三是原有品牌资产在陌生行业起的作用很有限。

· 2012-7-5 ·

 # 加多宝和王老吉或都是最后的赢家 #加多宝与广药愈演愈烈的纷争，从不同的角度会有不同的解读。但就危机公关及品牌营销而言，加多宝和王老吉可能都是最后赢家。加多宝看似失败的公关，其实正是要不断地炒热事件，争取更多时间在消费者心智中将加多宝与王老吉相链接，使之认识到现在的加多宝正是以前的王老吉，是正宗的凉茶。

· 2012-7-6 ·

 # 巨头纷争，赚足眼球 #广药拥有王老吉商标，王老吉多年的品牌积累仍旧会有市场号召力，消费者依然会买账。加多宝与王老吉两大巨头纷争不断赚足眼球时，我们哪里还想得起其他的凉茶品牌。现在似乎正隔岸观火、幸灾乐祸的其他凉茶品牌可能才是真正的输家。

· 2012-7-6 ·

twitter

Follow Us on Twitter

133

#老大老二的竞争策略#以前可口可乐与百事可乐纷争不断，结果一个做了老大，一个做了老二，老三是谁，消费者似乎都想不起来。360与腾讯两虎相争，结果不仅没伤，反而两虎都越来越强壮。行业老大老二之争，是一种最有效的营销策略，但两虎相争需要某种默契，不能伤害到行业的健康发展，让消费者对行业及品类产生怀疑。

·2012-7-6·

#树立一个敌人是商战中惯用招术#雷军的小米手机比较火，360也宣布做智能手机。于是，雷军和周鸿祎两个同是湖北老乡兼朋友的互联网名人，打起了一场又一场的口水仗。在这一场场的吵架中，小米手机的知名度持续上扬。而360尚未上市的手机已经提前曝光，甚至连价格方案都已出台，营销工作似已全面展开。

·2012-7-7·

#城市品牌建设的宽度和深度#近日在黄山市参观徽派古建筑。不同于其他地方文化仅存于一两处古迹之中，黄山市的青山绿水间全是与自然山水相融合的粉墙黛瓦马头墙，风景堪称如画。这与该市实施"改徽、保徽、建徽"策略有关。地方政府在进行品牌建设时，除挖掘当地文化，科学系统规划外，关键是实施时在宽度和深度上做到极致。

·2012-7-8·

#不务正业的雅戈尔正被迫回归主业#服装、地产和金融曾是雅戈尔的三驾马车，而今地产持续低迷，金融投资如履薄冰，无奈之下，雅戈尔把注意力转回服装产业。尽管雅戈尔靠服装起家，曾经风光无限，但多元化战略已将其品牌资产透支，难现当年风采。假如雅戈尔一直专注于服装，可能已是中国服装第一品牌。

·2012-7-9·

 # 城市品牌建设更需好名声 # "我靠重庆，凉城利川"
广告被热炒，故意被解读成"我靠，重庆"，利川旅游
局否认炒作之说。"我靠重庆"并未体现利川旅游任何
卖点，广告语惜字如金，如无特殊用意，不可能如此草率。
城市品牌建设不能学兽兽等一脱成名的网络红人，名声
好比名气大更重要。"一座叫春的城市"叫了几声春后，
就了无声息。

· 2012-7-10 ·

**# 时代在变，产品在变，但如果跟风的思想没有变，同
样的错误就会重犯 #** 前一波手机浪潮催生了众多的品牌，
而今尚有几个品牌安在？手机中的战斗机哪里去了？这
一波智能手机浪潮，又引得众多企业投身其中，小米、
华为、360、百度、盛大、阿里巴巴、网易、新浪等一
窝蜂跟风，又一个手机的战国时代即将到来。

· 2012-7-11 ·

 # 品牌需要定风丹 # 避免跟风的思维惯性，避免遭遇战
国纷争群雄逐鹿的惨烈场面，我们需要定风丹，不管风
吹雨打，胜似闲庭信步。孙悟空大战铁扇公主，正得意间，
铁扇公主拿出芭蕉扇一扇，他就被扇得晕头转向，找不
着北。孙悟空后得灵吉菩萨定风丹，含在嘴里，芭蕉扇
失了灵，任铁扇公主怎么扇，就是巍然不动。

· 2012-7-12 ·

 # 定风丹的本质是定心 # 定风丹是什么？定风丹就是不
眼红，不盲从，还要看得起自家的"黄脸婆"。定风丹
的本质是定心，当某些行业或产品发展得不错，我们或
许会眼红，也想赶潮流，赚上一把。也或许是觉得本行
业没前途，迷失了方向，看到新行业就盲目跟从。定风
丹的核心是看得起自家的产品，把心安在上面。

· 2012-7-12 ·

 # 定心成就伟大品牌 #很多人疯狂崇拜乔布斯，迷恋苹果产品。但很少人明白苹果产品为什么会如些出色，苹果公司为什么会如此伟大。苹果的创始人兼领袖乔布斯把一生的心血全部花在了苹果上。无论是最早的车库创业，中途的被迫黯然离职，还是最后的王者归来，苹果都是他的爱人。此生，乔布斯，只爱苹果。

· 2012-7-12 ·

 # 爱才可以成就品牌 #有多少企业家真正发自内心爱自己的产品？或许做产品，仅仅是谋生的工具，或者仅仅是实现财富增值的梦想，但是，我们似乎从来没有发自内心去爱过自己的产品。如果不爱，怎么可能时时关注端详，处处精雕细琢？如果不爱，怎么可能当成精品打造？乔布斯，爱着他的苹果，甚至爱得很偏执、很疯狂。

· 2012-7-12 ·

 # 产品还是自己的好 #有些企业家对待自己产品的态度似乎和对待自己老婆的态度相似，总觉得老婆是别人的好，心总是向外，总想觅点墙外的芬芳。墙外真的就一定芬芳吗？从情人变老婆，身份一旦确定，感觉或许马上变味。陌生的产品，是因为不了解而觉得商机多，但任何一个行业或产品，要做好都得下苦功。

· 2012-7-12 ·

 # 聚焦于自己的产品才是最正确的选择 #自己的产品毕竟自己最了解，可能水温已经烧到了八十度、九十度，只需要再加一把柴，再努一把力，水就能开了。但往往，我们都没有坚持，在最后一刻放弃。马云说，今天很残酷，明天更残酷，后天会很美好，但绝大多数人都死在明天晚上。

· 2012-7-12 ·

#战略转型，还是逃跑主义？ #遇到发展瓶颈，怎么办？很多人会选择战略转型，换个地盘干干。但在陌生的地盘，混码头的游戏规则还不熟，需交很多学费、保护费什么的，才能立足。从某种意义上说，很多的战略转型就是逃跑主义。对于大部分企业来讲，做好自己熟悉的产品才是根本之道，从设计、制造、营销、创新等方面持续精细化。

·2012-7-12·

#风光背后是险峰#新发布的《财富》世界五百强排行榜中，中国成为上榜数第二的国家。看似风光无限，实则情况堪忧，因为绝大部分上榜企业是国企。国企往往缺乏科学、清晰而持久的战略，只是依靠垄断地位获得资源，利用廉价劳力等传统要素推动发展，并非是在完全的市场经济状态下真刀真枪干出来的，真实的战斗力并不强。

·2012-7-14·

#细分或是产品的未来#奔驰品牌拥有轿车、越野、大巴等产品线，轿车又分S、E、C、B、A级；房地产产品未来的趋势也必将与传统产品一样不断细分。比如重庆三大地产公司之一的隆鑫，其产品线分为A、G、V三级，A系1.0入门级产品，G系2.0改善性产品，V系3.0享受型产品。细分产品能精准锁定客群，提供真正优质的服务。

·2012-7-15·

#天下武功，唯快不破#住宅地产开发速度尤为重要。如果不能迅速将项目推向市场，展开销售，各种沉淀成本将无情地吞噬掉项目利润，最终导致不赚钱甚至亏损。因此，一线开发商无不把速度当成头号任务，比如万科从拿地到销售，最长不得超过六个月。如何才能做到速度快，唯有标准化、模式化、可复制化。

·2012-7-16·

ORACLE
甲骨文
Information Driven

137

#《谏宋公疏》引人深思#绿城一离职员工以文言体写的《谏宋公疏》，在业界引起广泛热议。对于外人来说，绿城内部得与失的具体事例并不重要。但值得我们深思的是，这些所谓的"大企业病"是否在绝大多数上规模的企业都存在？我们如何才能避免这些问题给企业带来的伤害？导致这些问题发生的根本原因是什么？

·2012-7-17·

#华为新老员工谏言#无独有偶，华为一新员工也写下洋洋万言给任正非，却落得个"如无精神病，建议辞退"的结局。而另一位华为员工"五斗米"的命运好一些，他离职前写了一篇《华为，你被谁抛弃》贴在华为内网心声社区，痛陈华为管理之弊，其冒险的举动却获得管理层认同，任正非出人意料地允许该文在华为人报发表。

·2012-7-17·

#善纳谏的缺失#从《华为，你被谁抛弃》到《谏宋公疏》，我们深思的是这些真心话为什么只能在离职之时才能说出来？在企业现有的管理文化和体制之下，在职员工根本不能从容进谏。能听得进下属直谏而不给下属穿小鞋的上司能有几人？真正能做到虚心听取员工建议，像唐太宗那样纳谏如流的老板又有几人？

·2012-7-17·

#敢谏，还要善谏，才能达到预期效果#毛泽东希望党内出现像海瑞一样敢于讲真话的干部，可是他更欣赏曹操身边的谋士郭嘉。原因是海瑞讲话太直，敢骂皇帝老子，一点也不给面子。而郭嘉既忠心耿耿，又懂得世情，很讨曹操欢心。从员工角度讲，基于职业使命驱使的谏言是理所当然，但对谏言的方式也需考量。

·2012-7-17·

 # 一号店 "不二之选" 广告成功的原因 # 1. 文案精,《蜗牛篇》:排长队,二了吧?《驴子篇》:自己扛,二了吧?巧用网络用语 "二",且与一号店的 "一" 对应。"不二之选",既说明选择一号店是唯一的选择,又是最明智的选择。2. 形象佳,以蜗牛和驴子形象表达传统超市购物的弊端,凸现电商方便快捷优势。

· 2012–7–18 ·

 # 地方特色节目宜雅俗共赏 # 观看俄罗斯风情和东北二人转有感:第一,特色节目的确能成为地方的名片;第二,为吸引观众而过于庸俗的节目并不适合家庭或青少年观看,反而会减少顾客数量,;第三,可开发两个版本,一是绿色版走高雅路线,如音乐剧《金沙》已是成都文化的一个符号;一是通俗版,下功夫创意通俗版也可雅俗共赏。

· 2012–7–20 ·

 # 创建新品类需要足够的耐心和坚持 # 新品类都有一个成长过程,或因为消费者的观念需要一个转变过程,或因为配套产业没有跟上来,市场早期发展缓慢。电视机发明二十多年后,才成为大众商品;数码摄影技术发明三十年后,数码相机才普及。过早大力推广新品类,可能得不偿失而成为因开拓市场而牺牲的先驱。

· 2012–7–21 ·

 # 进入新品类,品牌宜启用新名字 # 快消品尤其应遵循这一规律。品牌名与品类在消费者心智中形成了链接,要实现移动非常困难。希望利用原有品牌的影响力而在新的品类上采用原品牌名称,是企业常犯的错误。如果可口可乐公司开发啤酒则不宜用原名称,因为在消费者心智中可口可乐代表的是可乐,而不是啤酒。

· 2012–7–22 ·

李维斯

 # 小而窄的市场更容易成就品牌 #卖建材可以比造整栋建筑更赚钱，卖软件可以比卖电脑更赚钱，做搜索引擎可以比做大型门户网站更赚钱。专做某类电器可以比做更多的电器更赚钱。格力专做空调，而成为全球空调领导者，其利润远超海尔、美的等多元产品企业。"不是格力打垮了对手，是对手自己打垮了自己。"

·2012–7–23·

 # 自动运转的可持续盈利模式 #潘石屹宣布 SOHO 中国将从建房加销售模式转向提升自持物业比例。住宅开发商每个项目都要经历拿地、设计、建造到销售的繁琐过程，卖完再无收益，且易受政策等不可抗力因素影响。增加自持物业，既可长期收租又能增值获利，其长远收益将高于拿地卖房。每一栋万达广场都是印钞机。

·2012–7–24·

 # 顺应产业生态变化，与时俱进 #当当网曾是中国最早的电商之一，但几轮角逐沉浮之后，其竞争已显颓势。当当网的商业模式一直没有提升，没有横向发展，成为如天猫、京东商城一样的综合电商；也没有纵向发展，深度挖掘图书的增值服务以增加顾客黏性。单一产品所形成的低水平物流又制约了它向综合电商发展。

·2012–7–25·

 # 模式创新，成就《中国好声音》#在国家广电总局限娱令之下，各大卫视秉持上有政策下有对策之道，重新定位、规划产品，再度上阵。由星灿制作和浙江卫视合作的《中国好声音》热评如潮，创下本年度音乐类节目收视率之最。好声音实现了真正意义上的制播分离，即制播方紧密合作，共同投入，共担风险，共享收益。

·2012–7–26·

SEPTWOLVES
七匹狼

#制播分离的好处在于将双方的利益做了捆绑#以前制播合作模式下制作方的利润是可预见的，其"开源"的路子被堵死，为了获得更好的收益，只能"节流"，唯一的办法就是节约成本。而节流的结果必将使节目质量打折扣，最终影响到播出方的收视率及广告收益。制播双方风险及利益共担共享是打造精品的不二之选。

·2012–7–26·

#利益捆绑才能爆发最大能量#《中国好声音》将制播双方有效捆绑还不够，还将导师、学员等进行捆绑。导师没有单纯的劳务报酬，而是以自身参与作为投资。学员的收益来源于现场演唱制作成的彩铃下载。通过海量下载，投资方、学员、导师、中移动收益都极为可观。新的游戏规则将参与各方的积极性调动到极致。

·2012–7–26·

#只有系统性的极致，才能成就极致的品牌#随着品牌意识逐渐觉醒和增强，竞争品牌要脱颖而出，成为精品成就品牌，相关的要素务必都要做到极致才行，只要其中一个要素有瑕疵，就将影响到消费者的评价，远离精品。《中国好声音》就是由顶级运作团队、顶级导师、顶级音箱、顶级乐队等一系列顶级元素组成的。

·2012–7–26·

#小众产品也可创造更大价值#在书写小众化的今天，万宝龙写书工具反而逆市上扬，这得益于万宝龙对书写工具这一核心产品的坚持。尽管随着电脑普及，笔的书写功能已经大大弱化，但万宝龙强化书写工具的权力象征，代表着永恒、经典的生活品位。为了确保核心价值的实现，万宝龙精雕细琢，对品质要求近乎苛刻。

·2012–7–27·

Meters/bonwe
美特斯·邦威

美特斯·邦威

#坚持独立思考和公正报道，是媒体生命所在#在媒体强势而公众缺乏独立思考的今天，媒体不经过严谨调查的报道会给当事者造成巨大压力，从而迫使其支付高额的"公关费"给媒体或公关公司以息事宁人。媒体一般会以"可能"、"坊间传闻"等字眼一笔带过不严谨的事实，而缺乏客观将丧失公信，最终失去的是读者和市场。

·2012-7-28·

#新品类宜用新品牌#传统观点认为，开发新品宜用老品牌名，以充分利用老品牌影响力。这往往会模糊老品和新品之间的差异，透支原有的品牌资产。五粮液开发了五粮春、五粮醇等子品牌，短期内增加了销售，长远看却弱化了五粮液高端品牌。相反，蒙牛推出高端奶"特仑苏"，沱牌推出高端酒"舍得"均获成功。

·2012-7-29·

#跨界经营应慎之又慎#风头正健的海底捞准备建设商业综合体，或许是董事长张勇因媒体大量关注而野心膨胀头脑发热之举。大型住宅开发商投资商业地产的成功率尚不高，而行业相似度极低的海底捞胜算就会更小。如果海底捞是基于战略转型而进入商业地产，尚有成功可能，若是为谋求上市而为就很危险。

·2012-7-30·

巴宝莉

#"淘，不出手心"，绝妙的广告文案#手机淘宝推出了"淘，不出手心"系列广告，吸引了大量眼球。悄然间，购物已经从上街购物时代、电脑网络购物时代跨越到新的时代——手机购物时代。"淘（逃），不出手心"文案完全契合了手机网购人群追求时尚、方便快捷、自我掌控的心理，妙。

·2012-7-31·

2012.8

 # 健康的商业生态，才能持续共赢 # 京东约架电商客观上促进了消费者对电商的进一步认识，推动了网购的发展。我们在为获得低价商品欢欣时，或许需要忧虑这是否是破坏商业生态的粗暴之举。超低价背后是价值链相关方的利益受损，甚至包括消费者。相比低价，消费者更需要物流配送、安装维修等服务到位。（2012-8-21）

适度分枝，长成主干

 # 我们需要导师 # 国外著名的高校会为学生配备导师，帮助学生明晰学习方向，解决学习和生活中的困惑。企业也可以借鉴此法，建立职业导师制度，在公司内部培养一批综合能力强的兼职导师，为资历较浅的员工提供职业发展建议。人生路上靠自我摸索会浪费很多时间，而如果有好的导师引路，将让我们少走弯路。

· 2012-8-1 ·

 # 谦逊而务实就走上坡路，相反则是下坡路 # 走上坡路需低头，看着自己的脚和脚下的路；走下坡路时则多是仰头，很少看脚下的路。做人如此，做企业也如此。专注于企业事务时，就走上坡路，相反则是下坡路。一个企业家过多地亮相在镁光灯下，离下坡路就不远了。牛根生如此，严介和也如此。

· 2012-8-2 ·

 # 黑牛变红牛 # 或因股民对股市太过绝望，抓住的最后一根稻草竟是给深交所外的拓荒牛涂上红漆，以寄托股市飘红的美好愿望。藉此，红牛饮料可展开主题为"黑牛变红牛"的系列公关营销。红牛定位为能量饮料，而目前股市急需展现能量，股民急需提振信心，两者在核心价值上相同，且又有一个共同的链接点"牛"。

· 2012-8-3 ·

 # 顾客既需要好的产品，更需要好的感受 # 顾客购买的是整个过程，而不只是商品。我们往往只在意有形产品的打造，而忽视了服务的提升。服务是全过程的，从客户接触前的公众沟通，到正式接触、沟通、谈判、履约、售后等。服务的核心是关注顾客体验，想顾客之所想，急顾客之所急，时时处处体现真心关怀。

· 2012-8-4 ·

D&G

DOLCE & GABBANA®

D&G(DandG)

145

#顾客感受，是所有产品及服务的出发点和归属点#日本大和公司设计建造房屋的标准不仅是有无甲醛等有害物质，也不是外观是否美观，当然更不是墙面有否开裂、卫生间是否漏水等质量问题，他们的标准已经超越物理标准，每一个细节都要考虑使用者的安全、舒适的感觉。甚至，他们连感觉都想量化。

·2012-8-4·

#感觉其实很重要#我们的口头禅"这车开起来感觉如何"、"这手机用起来感觉如何"、"这东西吃起来感觉如何"等等，平常的问话，其实蕴含着品牌运作规律。品牌就是顾客的体验总和。询问"感觉如何"就是询问顾客使用该产品的综合体验。所以，产品设计者、品牌运作者应以顾客的感觉作为思考中心。

·2012-8-4·

#感觉好才是真的好#中国地产商在产品物理层面已基本过关，尤其是一线品牌开发商的产品相差不大。但要真正建立品质和品牌的高度，下一阶段就是看谁在顾客体验上下的功夫深，规划设计建造产品时真正以业主体验为根本。比如，电梯采用灯光采光和电力通风，感觉会很压抑，未来的电梯是否可以自然采光通风？

·2012-8-4·

#"同一个世界，不同的猜想"#外国媒体质疑叶诗文，小姑娘以中国时下一句流行语"羡慕嫉妒恨"作回应尽显自信。央视名嘴白岩松出口更是经典，2008年北京奥运会，当菲尔普斯、博尔特等国外运动员取得佳绩时，中国民众都由衷佩服和高兴。北京奥运会是"同一个世界，同一个梦想"，伦敦奥运会则变成了"同一个世界，不同的猜想"。

·2012-8-4·

ZARA

ZARA（Inditex 集团）

#MD，这也能如此精确量化#发改委专家称：中华民族复兴任务 2010 年已完成 62%。根据此数据，还差 38 就 100% 圆满了。一个 62，一个 38，很配对（杭州话 6、2 大意为愚蠢、不合时宜等，语义很丰富）。

·2012–8–4·

 # 自然界的一般规律：慢很多时候比快更好#树木长得越慢木质越好，长得越快则木质越差；动物心跳越慢越长寿，心跳越快越短命。自然界的规律也适合企业界。市场竞争的确需要速度、效率，但更需要质量，快的前提是要稳健，首先要保证能生存下来，而且在发展中不能预埋下致命的隐患。

·2012–8–5·

 # 公关活动，除吸引眼球外还要有意义#武汉世贸广场珠宝节现场，一条长约 7 米，由 200 块总重 200 公斤的金砖铺成"金光大道"，吸引了众多市民眼球。商家搞活动，一般都会策划一两个非常规动作，又称"噱头"。但如果只有吸引人的形式，而没有多少实际意义，就不可能真正打动人心，赢得持久关注，获得广泛传播。

·2012–8–6·

#速度有时候可以掩盖很多东西#盲目追求发展的速度，是很多企业容易陷入的误区。盲目追求速度的背后往往存有隐忧，比较普遍和突出的有两点：第一，人才跟不上，公司原有的人才观念更新、技能提升的步伐滞后，向社会招聘人才的速度跟不上；第二，管理体制、企业组织架构跟不上，严重制约了运行效率和质量。

H&M

H&M（Hennes & Mauritz AB） ·2012–8–6·

 # 高速成长，既可能迷惑别人，更容易迷惑自己 # 企业在高速成长的时候，在外界看来，阳光灿烂、风调雨顺，形势一片大好。受此影响，老板对公司存在的问题可能或熟视无睹，或不以为然；处理起来或浮光掠影，或轻描淡写，对歌功颂德听得如痴如醉，欣欣然、荡荡然。如此，则隐患大矣。

· 2012-8-6 ·

 # 我们要新欢，更要旧爱 # 企业老客户如果都留下来，企业发展就不愁了。这个道理大家都懂，奇怪的是，我们花在老客户上的精力往往很少，甚至会忽视。寻求新客户是企业壮大的必然举措，但切记不要做丢西瓜捡芝麻的猴子。我们需新欢，更要旧爱，别忘了持续做好老客户沟通，因为维护老客户的成本是最低的。

· 2012-8-7 ·

 # 删繁就简三秋树，领异标新二月花 # 这是郑板桥先生斋联名句。上联主张用最简练的笔墨表现最丰富的内容，以少胜多，比如画兰竹易流于枝蔓，应删繁就简，使之如三秋之树，瘦劲秀挺，没有细枝密叶。下联主张要"自出手眼，自树脊骨"，不可赶潮头、趋风气，宜自辟新路，似二月新花，标新立异，引百花竞放。

· 2012-8-8 ·

 # 设计简洁、表达简练、操作简单，能行走天下；创新思想，创造新品，创立品牌，方行之弥远 # 删繁就简和领异标新既是艺术创作的规律，也是事物的一般规律，营销推广、内部管理、品牌建设、演讲沟通等，如要出色出彩出跳，无不遵循这一规律。删繁就简就是简洁、简练和简单，领异标新就是创新、创造和创立。

· 2012-8-8 ·

柒牌

#美斯特邦威库存危机#作为快速成长的品牌典范,美斯特邦威曾经风光无限,现在却陷入库存危机的泥潭。究其深层次的原因,至少有以下几点:第一,仍旧以生产为导向,并未以市场趋势而是拍脑袋来制定强制性增长数据;第二,对服装潮流的把握不准,反应速度慢;第三,渠道管控出现问题,比如经销和直营店的矛盾突出。

·2012-8-9·

#倒数第一也能成品牌#沙特的田径选手萨拉·阿塔尔以超慢速度跑完800米跑道,比第一名多用了1/4的时间,堪称"第一慢"。但她却获得了比第一名还要多的掌声,原因有四:第一,沙特第一次派女选手参赛;第二,她是沙特田径队唯一的女运动员;第三,她自信从容淡定地跑完全程;第四,她预示着伊斯兰世界的变革。

·2012-8-9·

#品牌竞争忌投机#中国企业战略热衷打群架,成立多个子公司,涉及多个领域,其核心是投机心态,利用政府、政策关系,这里捞一点那里搞一点,总量似乎也不错。乌合之众打群架,一遇专业高手则无招架之功。因为市场规则是同类品牌较量,假如你有汽车、红茶、手机、箱包等产业,能同时干得过奔驰、立顿、苹果、路易威登吗?

·2012-8-10·

#品牌忌过度延伸#中国企业喜好多元化,其根本原因在于政府权力太大,商业都围绕政府这一核心展开,指向单一。政策空间大,掌控政策的人就可以被寻租,企业家的商业逻辑自然围绕如何搞定人来展开。因各种关系而架构起的不同产业,业务之间甚至相差十万八千里,毫无关联,零散的资源并不能被集团共享。

·2012-8-11·

真维斯(JEANSWEST)

 # 免费的营销策略 #绿城千岛湖度假酒店的早餐连小孩都要收费，引来很多顾客微词。绿城做酒店经验不足，其实送小孩早餐是更好的策略。小孩本来吃不多，基本不会增加酒店多少成本，家长少浪费点即可赚回；而一旦收费，即使酒店的硬件与服务再好，都会影响顾客将来在此的持续消费，反而损失更大。

·2012–8–12·

 # 柯达代表胶卷而不是相机 #柯达丧失进入数码相机市场的机会，除了在战略上对数码影像的发展预判失误外，在具体操作上也存在失误。柯达最先发明数码成像技术，曾以尼康相机为蓝本开发出先进的全画幅数码相机，以柯达之名进行销售。在消费者心智中，柯达代表胶卷，而不是相机。柯达正确的做法是收购一个成熟的相机品牌。

·2012–8–13·

 # 柯达犯的错误，索尼接着犯 #索尼为了进入数码相机市场，分享快速成长的数码影像蛋糕，收购了陷入困境的美能达。这是一个好主意，但坏主意是他们丢掉了美能达品牌，而使用了索尼品牌。美能达相机质量过硬，世界第一台 AF 相机就由它设计，拥有世界声誉。索尼的正确做法是用美能达品牌生产数码相机。

·2012–8–13·

 # 先降低预期能提升消费者满意度 #美国好乐公司副总裁艾利莎·巴伦曾做过糖果店售货员，顾客都很喜欢她，总找她服务。有人好奇地问，顾客喜欢找你服务，是你给得多吗？艾利莎说，我其实没有多给他们，只是称糖果时，别的服务员起先拿得很多，然后一点点从磅秤往下拿；而我起先拿得少，然后一点点往上加。

·2012–8–14·

永和大王

 # 过度包装会降低顾客的满意度，其实质是提高了消费者的心理预期 # 精美的包装给人的第一感觉非常好，但如果内在产品是平庸甚至是劣质的，则会给消费者造成强烈的心理反差，会认为产品金玉其外，败絮其中，华而不实，不可信赖。相反，如果采用和产品品质匹配的包装则会让消费者觉得实实在在，值得信赖。

· 2012-8-15 ·

 # 产品形象识别系统应成为品牌的一项战略 # 成功的品牌的产品都有其独特的视觉符号，借以体现自身的价值追求，同时形成与竞争品牌的有效区隔。比如，奔驰汽车的前脸"几横一竖"、宝马前脸的"双肾"、凯迪拉克的硬朗线条等等。产品形象识别是品牌基因的外在表达，它和品牌是精神与血肉共生共存的关系。

· 2012-8-16 ·

 # 地产公司规划产品时应构建产品形象识别系统 # 潘石屹在北京的 SOHO 系列产品与目前写字楼占主流的方正、几何造型完全不同，具有鲜明的后现代主义风格，独树一帜，高价热销。近年来热播的一些影视剧和世界品牌广告片都在建外 SOHO 中取景，它甚至出现在雅典奥运会闭幕式的北京宣传片中，无数次被免费宣传。

· 2012-8-17 ·

 # 事件营销因其新闻性往往引来无数围观，从而实现品牌传播的目的 # 王老吉和加多宝两品牌持续纠缠，赚足了眼球，也让加多宝名声大震，实现了借官司在消费者心智中建立原来的王老吉就是现在的加多宝的链接。近几日，两家又将再次对簿公堂。而公堂之下，两家员工也大打出手，在街头群殴，又引来无数关注。

· 2012-8-19 ·

小肥羊

151

#着眼未来远比着眼现在更重要# Autodesk 和 Bentley 是全球最大的两家 CAD 软件商，进入中国时差距不大。但两者所采用的营销手法迥异，后者向直接使用者推销，采用各种促销手段，投入很大但收效甚微；前者培养潜在消费者，向高校赠送软件培训老师，帮学校建立 CAD 课程，这些学生一旦毕业就是忠实的客户。

·2012-8-19·

#官司也是一种营销手段# 近日，立方网拟起诉风头正健的 Facebook 网站抄袭其研发的"时间轴"功能。立方网这场官司必打，其理由有：第一，此举可以维权，如胜诉可获赔偿，美国对侵权案判罚很重；第二，这是一场老鼠与大象的不对称官司，两者实力悬殊，强烈的角色反差会引起各方关注，从而提升立方网的知名度。

·2012-8-20·

#健康的商业生态，才能持续共赢（一）# 近几日，全国的媒体都被京东发起的电商约架吸引，这无疑是刘强东谋划已久的营销战。坊间评论诸多，观点不一，或褒或贬。坦率讲，刘强东发起本轮针对苏宁国美的价格大战，目的就是吸引眼球，进一步提升京东的知名度和访问量，同时借降价之机，消化京东的大家电库存。

·2012-8-21·

#健康的商业生态，才能持续共赢（二）# 京东约架电商客观上促进了消费者对电商的进一步认识，推动了网购的发展。我们在为获得低价商品欢欣时，或许需要忧虑这是否是破坏商业生态的粗暴之举。超低价背后是价值链相关方的利益受损，甚至包括消费者。相比低价，消费者更需要物流配送、安装维修等服务到位。

·2012-8-21·

麦当劳

#任何事物应该放在特定的时空下思考（一）#尽管本届奥运会已经降下帷幕，但关于伦敦版奥运和北京版奥运孰优孰劣还在热火朝天的讨论之中。但很多论点仅仅从奥运开幕式的形式、场馆建设是否浪费等方面来架构话语逻辑，或曰北京奥运大而无当，或曰伦敦奥运小而精致。这些简单比对的论调都有流于表面之嫌。

·2012-8-21·

#任何事物应该放在特定的时空下思考（二）#北京奥运开幕式华彩多姿、壮阔宏大，伦敦奥运只能选择差异化的策略，否则它很难超越。所以，北京华丽，伦敦朴素；北京宏大，伦敦精致；北京展示整体，伦敦关注个性。伦敦和北京，两座城市，两种文化，两种体制，当然是两个完全不同的品牌，都应有自己的个性。

·2012-8-21·

#任何事物应该放在特定的时空下思考（三）#北京奥运看似奢华，但也不宜过多批评。一百多年来，中华民族流过太多屈辱泪水。现在，我们太需要一场全民盛会向世人展示我们昂起的头颅。北京奥运所展示出的全民动员能力、强烈的国家意识，都对世界产生了巨大震撼，各国对华政策因此调整，我们也将因此受益。

·2012-8-21·

肯德基

#任何事物应该放在特定的时空下思考（四）#我们需要建立宇宙观，思考问题要在特定的时间和空间坐标中展开。多年后，中国重新申办奥运会，也许比伦敦还轻描淡写，也许也会很低碳、很环保，也会很尊重个体价值的展示，甚至也会有很多组织上街游行，或者行业工人罢工，以表示对大型活动扰民的抗议。

·2012-8-21·

153

#任何事物应该放在特定的时空下思考（五）#国际奥委会主席罗格评价伦敦奥运会时用了"无可比拟"，而他对北京奥运会的评价是"无与伦比"。除去翻译字眼不同，两词中英文意义相似，并无高下之分。这只是罗主席的一句真诚套话，我们不必认真。只要他还在主席的位上，他对每届奥运会都会说类似的话。

·2012–8–21·

#任何事物应该放在特定的时空下思考（六）#任何领域中间道路更广阔，并不是非黑即白，非白即黑，有很多中间色调，所以世界才会五颜六色，绚丽多姿。赞赏伦敦奥运会并不代表对西方文化的膜拜，不用上纲上线批评为文化洋奴；同样，赞赏中国奥运会也并不代表就对中华文明的热爱，甚至与爱国也无多大关系。

·2012–8–21·

#精益求精，注重用户体验，小米未来的想象空间会很大#雷军说，每一阶段，他只抓重要的事，比如最近，只抓墙纸，选一张好的照片做手机背景，难。一个"难"字，让人感叹。创造了金山软件，后转型为风投，再开发了小米智能手机，短时间销量突破 350 万台，公司估值超 40 亿的雷军会为挑选一张墙纸而费心思。

·2012–8–22·

真功夫

#构建产品的形象识别系统应基于品牌的核心价值#外观识别是内在核心价值的表现，如果品牌是时尚的，外在识别则不能古典；如果品牌追求稳重，外在识别则不能飘逸。比如悍马汽车，追求的是超强的越野性能，散发出不断挑战极限和征服艰难险阻的男人气概，其车身外观及线条设计自然追求阳刚、硬朗的风格。

·2012–8–23·

 # 消除敌人的最好方式是将他收入帐下，为己所用 # 计算机天才尼古拉斯·阿莱格拉开发的软件，可以让苹果手机用户随心所欲下载安装软件，让另一个天才乔布斯头痛不已。乔布斯带着接班人库克去和阿莱格拉谈人生谈事业，并真诚邀请他加入苹果公司。阿被乔的真诚打动，表示再不调皮捣蛋，而是课余到苹果实习。

· 2012-8-24 ·

 # 标志随时代变化和品牌发展而调整 # 标志是消费者识别品牌最直观的符号，体现了品牌的价值诉求。因此，标志不会一成不变。有两个因素决定标志的更新换代，一是品牌升级或转型，品牌价值诉求发生了变化；二是时代不断进步，大众审美发生了变化，如果原有标志与时代的审美趣味发生冲突，标志则需要调整。

· 2012-8-24 ·

 # 京东的"伪"价格战 # 国美电器总裁王俊洲认为，京东打的是一场伪价格战，京东无法真正把价格战打下去。或许从一开始京东就没准备真正打价格战，刘强东要的只是引起媒体和消费者的强烈关注，他要的仅仅是轰动效应而已。今年京东的全品类战略渐渐浮出水面，他需要找几个武林高手过招以吸引眼球，告之天下。

· 2012-8-25 ·

 # 移动终端的功能定位应清晰地指向更方便、快捷和高质量的分享沟通 # 数码相机安装安卓系统、WIFI 以及影像应用 APP 等将是发展趋势；而手机也在努力改善影像质量，比如像素的提升、画质的改善；表面看是手机与相机的融合，事实上是品类在不断地进化，最终两者将会进化成一个综合性的高质量的分享沟通平台。

· 2012-8-25 ·

俏江南

 # 加多宝的广告语策略（一）# 王老吉靠一句"怕上火，喝王老吉"而家喻户晓，风靡大江南北。加多宝紧紧抓住王老吉品牌的核心卖点，将王老吉和加多宝进行链接。"怕上火喝正宗凉茶，正宗凉茶，加多宝出品"；"全国领先的红罐凉茶现在改名为加多宝，还是原来的配方，还是熟悉的味道，怕上火，喝加多宝"。

· 2012-8-25 ·

 # 加多宝的广告语策略（二）# 逐步占领消费者心智。加多宝先强调是正宗凉茶；不怕侵权敢冒险，"全国领先的红罐凉茶"并未改名为加多宝，但加多宝红口白牙硬说改名，含蓄地将加多宝指向王老吉；原来的配方熟悉的味道，等于直接说它就是王老吉，从"怕上火，现在喝加多宝"变为"怕上火，喝加多宝"。

· 2012-8-25 ·

 # 最该喝凉茶降火的是加多宝和王老吉# 加多宝和广药集团经过十多年时间将百年凉茶品牌王老吉打造成"预防上火"的全国知名品牌，无论是"怕上火，喝王老吉"，还是"怕上火，喝加多宝"，对于消费者来说，其实都无所谓。只是两虎争吵过久，再激烈的打斗场面，再煽情的悲情眼泪，总不能永远吸引观众的。

· 2012-8-25 ·

 # 小米与众不同的定价策略# 品牌手机定价一般是先定一个较高的价格，然后随着销量提升带来成本降低而逐步降价，使得售价一直低于成本，风险较小。小米手机则不同，它定一个相对较低似乎亏本的价格，然后随着销量提升带来成本降低而获利，风险较高，但它凭着高性价比及高超的营销迅速获得消费者认同。

全聚德

· 2012-8-26 ·

 # 常规动作，只能产生常规结果 # 其他品牌手机定价采取的是常规动作，保守的思路会带来安全的结果，这是优点；缺点是刚上市还未形成口碑而采用高定价，会影响消费者的购买热情和销量的增长速度，且随着销量上升而逐步降价，消费者会产生此产品不保值的坏印象，也会强化消费者降价再买的心理。

· 2012-8-26 ·

 # 非常规动作，会产生非常规结果 # 小米手机产品配置高端，但价格却定在中端，缺点是在未形成规模销量时都是亏损，企业将承担巨大的压力；缺点明显，优点也很明显，高性价比让消费者觉得超值划算，销量增长迅速，而价格一直保持不变，将给消费者一种保值的印象，迟买不如早买，打消降价再买的心理。

· 2012-8-26 ·

 # 美的集团董事会新班子 # 方洪波 45 岁，1992 年加入美的；黄健 45 岁，1992 年加入美的；蔡其武 49 岁，1992 年加入美的；袁利群 43 岁，1992 年加入美的；黄晓明 41 岁，1996 年加入美的；栗建伟 46 岁，1994 年加入美的；何剑锋 45 岁（原董事长何享健之子）；李飞德 35 岁，1999 年加入美的；另两位资方代表不超过45 岁。

· 2012-8-26 ·

康师傅

 # 美的集团董事会新班子有两个特点 # 1. 主要董事都在美的内部长期工作，完全是自己培养的骨干，10 位董事中，除去资方两位代表外，在美的工作满 20 年的有 5位（含董事长之子何剑锋），工作满 18 年、16 年、13年的各 1 位；2. 董事会主要成员 45 岁左右，最年长者不到 50 岁，正处在经验和精力最佳平衡点上。

· 2012-8-26 ·

 # 弱即是强，负也是正 # 布兰森透露自己少年时代患有阅读障碍症，很早便离开了学校。但他认为，或许正是这样的缺点成就了他今天的事业。比如，阅读障碍症引导了他与客户的沟通方式，他成为公司营销材料的试验者，连他都能很快理解的宣传，客户理解起来就不会有问题。信息只有被迅速理解，才可能产生价值。

· 2012-8-27 ·

 # 弱即是强，负也是正 # 患有阅读障碍症，很多事情必须依赖他人，所以必须信任别人，必须学会放手，让别人代劳。布兰森对自己的缺点很清楚，在工作上很注意授权，因而吸引到很多追随者，身边强手如云，每个高手在某一领域的能力都盖过他，因此，他有更多的时间去思考关于冒险的创意，探寻新的战略方向和掌控全局。

· 2012-8-27 ·

 # 哪些事情自己做，哪些事情别人做，这是个问题 # 在管理上，授权是一个永恒的话题，也是个老大难的问题，基本没有一个权威和通行的解决办法。靠制度，但制度总有不完善的地方；靠授权，但未授权部分是否自己都亲力亲为？所以，自己做和别人做，最终还是会因人因事因时而异，核心是度的把握。

· 2012-8-27 ·

 # 多听听下属找的理由，或许正是发现问题的好机会 # 员工工作出了问题，往往会说"这件事没有做好是有原因的，因为……"，或者说"这不光是我的问题，还有……"等等，此时有的上司往往粗暴打断，不问青红皂白一通责骂，认为员工在推卸责任。其实，耐心倾听员工解释能帮助我们了解真相，发现真正的问题。

· 2012-8-28 ·

星巴克

#真正打动人的是细节，具体比大而全、空而泛有力量#
成功的品牌都有一个共同点，都是通过无数个精心设计
的细节营造出良好的顾客体验，给顾客留下深刻印象，
从而打动顾客产生购买行为。奔驰的后视镜有一道小凹
槽让雨水尽量少流到镜面，雨天也有更好的后视效果；
麦当劳的可乐恒定在 4 摄氏度，口味最佳。

· 2012-8-29 ·

#大而空的夸奖不如小而细的赞美#赞美一个男人帅气，
多半他会认为是客套话；赞美一个女人漂亮，估计她也
会一笑置之。因为被赞美的"帅气"和"漂亮"没有细
节作为支撑，这样的词汇飘浮在空中，没有打动人的力
量。或许赞美男人某件事处理妥当比赞美他能干管用，
赞美女人衣服配饰搭调比赞美她优雅有效。

· 2012-8-29 ·

 # 创新在质疑习以为常中产生 #创新并非想象得那么
难，对通常的做法持质疑态度，多问问惯常的做法是否
真正合理，是否还有更好的方法，或者站在对立面颠覆
性思考。比如，酒店按天收费，退房时间都在第二天 12
点或 14 点，这对旅客并非合理。按天收费改为按小时
收费模式，旅客随时入住随时退房，这就是创新。

· 2012-8-30 ·

**# 尽量缩短中间层级，让信息上下左右自由流动，才能
保证公司活力 #**影响巨大的网易公开课项目是一个基层
员工直接向 CEO 丁磊提供的建议。如果网易内部层级
森严，这一杰出的创意很可能在信息传递过程中被扼杀。
互联网公司往往坚持开放的文化，广泛吸收来自各方的
思想，从而远离办公室政治，保持创新的活力。

必胜客

· 2012-8-31 ·

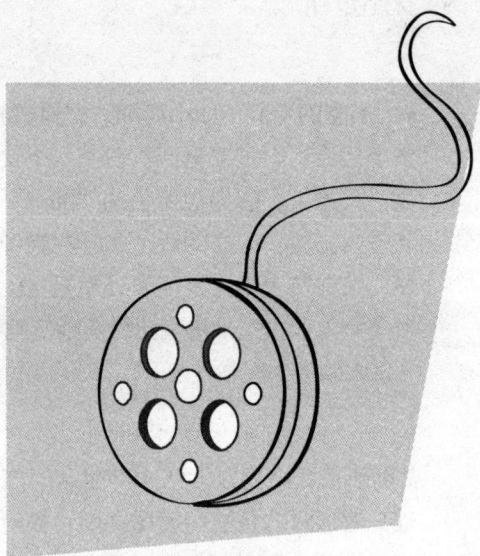

2012.9

#主动泄密是一种策略#商业上有两种泄密，一种是意外，一种是主动。意外或因大意造成或因商业间谍所为，都会造成损失。主动泄密则是商业运作的策略，比如大制作电影隔三岔五或曝下主角的疑似绯闻，或曝下殴打探班的记者；而前不久的西红柿门，傻子也知道是故意的谋划，目的就是引起关注，为销售做铺垫。（2012-9-10）

优胜劣汰，适者生存

 # 他是真正的策划大师 # "中国首善"陈光标,在 8 月 31 日的美国《纽约时报》登出半版广告,向美国政府和人民郑重声明,钓鱼岛自古就是中国的领土。近年来陈光标行事多石破天惊,给台湾贫困家庭发钱,砸奔驰以示环保、售卖瓶装新鲜空气等等,暂不讨论其行事是否太过高调,仅就这些事件所产生的影响来看,他才是真正的策划大师。

·2012-9-1·

 # 陈光标策划之道 # 一是紧抓热点话题,比如在纽约时报登广告声明钓鱼岛是中国固有领土;二是反应迅速,在话题最热时切入,比如汶川地震后第一时间组织机械、人员参与救援;三是高调到极致,比如在工行江苏分行大厅堆起如山的人民币捐赠,视觉冲击力非同一般;四是高反差,比如到更富有的台湾地区发现金。

·2012-9-1·

 # 摩托罗拉帝国没落之因(一)# 摩托罗拉大规模裁员再一次引起了大众对摩托这个没落贵族的关注。拥有 83 年辉煌历史的摩托现在已是老态龙钟,步履蹒跚,83 年的过程很精彩,但句号似乎不会划得那么圆满。本想寄希望于谷歌收购能让枯木逢春,再现生机,哪料屋漏偏逢连夜雨,情势更危急,命运更多舛。

·2012-9-2·

 # 摩托罗拉帝国没落之因(二)# 摩托罗拉全产品线战略未能抢占顾客细分品类心智,是其逐渐没落的原因之一。摩托罗拉产品太多,在高中低端市场上都没有鲜明特色,市场竞争力虚弱,强大的苹果和三星牢牢占据高端市场;中低端市场也强手如云,HTC、华为和中兴等迅速崛起的品牌吞食了大部分市场。

·2012-9-2·

雀巢

 # 摩托罗拉帝国没落之因（三）#不够关注消费者需求，只是按想当然的逻辑设计产品。摩托罗拉手机似乎永远都是黑色，在很"商务"的背后是刻板的市场形象。单调乏味的外形把年轻人、女性用户拒之门外，而他们是购买新手机频率最高的群体，也是手机最大的消费人群。连摩托员工也认为摩托手机只适合老男人。

· 2012-9-2 ·

 # 摩托罗拉帝国没落之因（四）#产品功能设计未与时俱进。随着手机功能越来越强大，通话只是众多功能中最普通的一个，用户会用手机做很多事。摩托公司认为第三方应用软件预装得越少越好，应该把应用软件的下载权交给用户。事实上，苹果很火的一个重要原因就是它集成了海量的第三方应用软件以方便用户。

· 2012-9-2 ·

 # 摩托罗拉帝国没落之因（五）#配套软件落伍。摩托罗拉手机的软件与其他竞争品牌的手机相比没有特色。尽管摩托罗拉的硬件尚可，比如双网双待、电池超大容量等等。而事实是新一代智能手机是硬件和软件的密切结合，硬件和软件两者都重要，两手都应该抓，否则硬件再好而软件不行，最终用户体验也不会好。

· 2012-9-2 ·

 # 摩托罗拉帝国没落之因（六）#成也安卓，败也安卓。摩托与诺基亚相比稍有先见之明，2009 年就一心一意在安卓上开发终端产品。但随后摩托罗拉被谷歌收购，谷歌为与其他安卓厂商保持良好合作，在安卓系统上没有给摩托任何照顾。相反，谷歌把从摩托获得的一些专利分享给其他安卓手机，摩托的竞争力被削弱。

· 2012-9-2 ·

m&m 巧克力

 # 摩托罗拉帝国没落之因（七）#错失运营商渠道，错失开发千元智能手机的时机。与传统手机相比，智能手机通过运营商渠道的比例提升了10-20%，电商也是一个增速很快的渠道。但摩托罗拉仅与中国电信合作，而与之合作的又是高端机，生不逢时的它在电信渠道遭遇到苹果这个杀伤力强大的劲敌，销量自然不佳。

· 2012-9-2 ·

 # 摩托罗拉帝国没落之因（八）#摩托罗拉失败的根本原因在于保守的文化。摩托罗拉的求稳思想导致了产品开发不敢创新。因为担心新产品销量不佳而承担责任，设计师及主管们尽量按照"既定方针办"，只求不出错。没有对创新伴生的失败宽容，就无法形成敢于冒险的文化，很难诞生开创性产品。

· 2012-9-2 ·

 # 摩托罗拉帝国没落之因（九）#大公司广泛存在官僚主义病。大公司为了强化管理，统一经营，往往会形成严格的层级分明的规章制度及流程控制体系。问题的另一面是这往往会导致信息沟通迟缓，从而带来决策缓慢。智能手机硬软件发展极快，有些方案报到总部甚至要一年才可能签批，而此时市场早已风云变幻。

· 2012-9-3 ·

哈根达斯

 # 酷派似乎酷不起来，也派不起来 #曾经影响巨大的酷派已风光不再，离职潮凸现重重危机。其衰落的主要原因有：第一，质量不稳定，甚至被称为垃圾中的垃圾；第二，外观设计已落后时代的审美变化；第三，过分依赖单一的电信运营商渠道；第四，网络公司纷纷开发手机向传统手机发起挑战，未与时俱进以适应新商业环境。

· 2012-9-3 ·

#陈光标策划之道（一）：长期坚持#陈光标在纽约时报登广告声明钓鱼岛主权归属中国后，顺势又与日本媒体接洽，希望在日媒上登广告做同样的声明。一般人无论做秀还是慈善或许起了个头就杳无声息，影响自然一般。而陈光标上了高调的路线，就坚持不懈，不断地巧借热点事件高调慈善，持续发酵他的影响力。

· 2012-9-4 ·

#陈光标策划之道（二）：发自内心才能产生智慧#陈光标慈善公益之举不断，哪怕真如批评者说是炒作，但一个人如果可以把慈善一直做下去就是真慈善，就如同一个坏人为装好人做了一辈子好事他就是好人。陈光标每一次的高调举动之巧妙，往往超乎想象。或许，智慧真的是要发自内心的大爱才能孕育。

· 2012-9-4 ·

#陈光标策划之道（三）：低成本的营销之道#除了大手笔的捐赠外，陈光标很多吸引人的举措都是低成本的。比如，在纽约时报登半版广告仅花费区区3万美元，但却引来全世界媒体的关注，真正做到四两拨千斤。为宣传环保，陈光标砸掉了奔驰600，其二手市场价格估计也就二十万人民币，却引起全国广泛关注。

· 2012-9-4 ·

#快消品营销的基本策略#一方面靠广告狂轰乱炸建立品牌高度，亮相高空，另一方面靠坚实的渠道建设保证产品占领终端市场，接通地气。宗庆后把这两手做到极致，就把娃哈哈产品卖到大江南北最偏远的山野渔村。现在加多宝也在做同样的动作，高密度的广告投放加上渠道上的攻城略地，估计销售额已领先王老吉。

· 2012-9-4 ·

奥利奥

#基本的营销套路大多数企业都清楚，但市场表现往往有天壤之别，根本在于落地的差异#比如，渠道规划是否科学；与竞品相比有否更多的渠道；渠道管理是否精耕细作；铺货是否到最基层，如同毛细血管是否深入到人体组织最末端；与区域内的经营商关系是否密切；在政策支持、及时补货等方面的服务是否做到最佳。

·2012-9-4·

#万向集团的国际化策略（一）#万向集团与美国电池制造商A123系统公司签署收购协议。作为中国民营企业常青树，其国际化策略可圈可点：第一，占据制高点，重点布局美国市场；第二，深入美国汽车老巢底特律，拿下底特律，其他地方的客户就容易拿下；第三，不把收购当成一桩买进卖出的生意，而是让企业真正焕发活力。

·2012-9-5·

#万向集团的国际化策略(二)#第四，从小事做起，不贪大；第五，潜伏不招风，行事低调，悄然间已在美国参与了四个新能源项目；第六，保持最初的创业激情，相比美国本土企业，做事更灵活，更快速高效；第七，选择在新能源上发力，传统产品短时间难以超越国外产品，但在新领域中外企业起步时间相差不多，可能后来居上。

·2012-9-5·

#竞争的意义#京东掀起的电商大战，从雷声大雨点小的动作中并未见到惨烈的战斗场面，不管谁是谁非，至少对于纯电商的京东和传统家电卖场苏宁国美来讲，都是生动一课。刘强东从中看到了物流及服务的短板，苏宁国美对未来家电卖场的模式看得更清，从而加速自身的转型和调整。竞争各方及消费者都能获益。

·2012-9-5·

阿尔卑斯

167

#向恒大地产学习（一）#恒大地产逆市上扬，半年报营收局全国第一，值得学习：第一，市场策略正确，坚持薄利多销，以价换量，顺应国家政策及市场走向；第二，深耕二三线城市，一线城市项目仅占12%；第三，产品定位合理，主要针对首次置业和自住刚需；第四，产品结构合理，中高端及旅游地产占85%，高端占15%，符合市场需求。

· 2012-9-6 ·

#向恒大地产学习（二）#第五，低价却不低品质的指导思想；第六，建立房地产全流程的精品战略联盟，凭借庞大的在建工程面积和一体化的垂直采购模式降低采购成本；第七，以低成本超前进入升值潜力大的城市和板块的土地储备策略；第八，现金流把控精确，足够的现金储备及分散的支付账期，不构成财务压力。

· 2012-9-6 ·

#看不清未来就做好现在#奇人曾晓芃专注于研究蟑螂，出过专著但并不畅销，生活清苦而寂寞，但他痴心不改。后来，北京蟑螂成灾，"蟑螂博士"被人想起，广播电视专访接踵而来，后主导几十亿的生物公司。很多年前他并不会想到如此成就，或许在孤独中也迷茫过，但他的借鉴意义在于，迷茫时不能放弃和虚度。

· 2012-9-7 ·

红牛

#把每一份工作都当成事业来做#谷歌创始人谢尔盖发现改善午餐是个吸引优秀人才的好办法，于是打出了"诚征厨师长——谷歌的人饿了"的广告。应聘成功的艾尔斯让午餐成为谷歌十大最值得留恋原因的第一位。谢尔盖问他为什么能在厨师这样的岗位上做得如此出色，他说"把每一份工作都当成事业来做"，这句话或许正是谷歌今天如此强大的原因。

· 2012-9-8 ·

#郎咸平演得精彩，讲得生动（一）#时隔九个月在杭州再一次聆听郎咸平的演讲，观点与上次基本一致，但感觉依旧精彩，至少现场几无中途退场者。试着猜想郎教授演讲精彩的深层原因：第一，选题精准，与中国主流经济观点相反，与政府唱对台戏，不骑墙不中立，观点鲜明，准确地抓住了老百姓不信任政府的心态。

·2012-9-8·

#郎咸平演得精彩，讲得生动（二）#第二，准备充分，尽管两次演讲观点大同小异，但案例与数据更新不少，因此听来也不觉乏味。第三，过程设计精妙。一开场即指出中国经济生了大病，然后层层递进探究病的根源；为吸引听众，时不时以似耸听之危言制造悬念。第四，充分利用绝对化和极端化的观点对听众造成打击力。

·2012-9-8·

#文创产业，理想和现实有机结合方可成功#近年来文创产业蓬勃兴起，方兴未艾，这既是社会发展到一定阶段的自然需求，也是国家战略转型的必然结果。文化产业发展需要考虑两个问题，一是避免像其他行业一窝蜂上的重复建设，二是兼顾理想主义和现实主义，既要考虑艺术的高度，也要考虑项目持续运营的长度。

·2012-9-9·

#管理的要点是建立机制#挪威的失业金基本和就业人员薪酬等同，按常规思维，去上班就是傻冒。但挪威政府规定，领取失业救济金前一周必须接受严格的技能培训，不能缺课，无线电计算机花样不断翻新，每月换着来直到就业为止。该机制让懒人们觉得乖乖上班做驾轻就熟的工作远比接受没完没了的枯燥培训轻松。

·2012-9-9·

#出来混总是要还的#这年头骗子盛行，层次从低到高，分三六九等。潜伏最深、伪装最好、危害最大、影响最坏的无疑是高级骗子，比如大名鼎鼎的美国西太平洋野鸡大学博士、名人唐骏的杰出校友、中国世代投资控股集团董事局主席禹晋永因涉骗被警方带走，虚构清华北大等名校客座教授到处招摇撞骗终于穿帮了。

·2012-9-10·

#郁闷的是，这年头我们得向骗子学习营销（一）#以禹晋永主席为例说明，一般高级骗子都是高明的自我营销专家。手段一：会讲故事。禹只在国美地产干过八个月就被赶走，却称和黄光裕并非雇佣关系，黄的很多土地都是他买后转卖给的，而且自封了一个酸得掉牙并起鸡皮疙瘩的称号——"黄光裕背后的地产男人"。

·2012-9-10·

#郁闷的是，这年头我们得向骗子学习营销（二）#手段二：整一个唬人的定位。禹自封的"资本地产之父"等名头真的有点吓人，但从来没有弄清楚说明白什么是资本地产，或许他所谓资本地产即为空手套白狼。手段三：利用热点事件，提升知名度，比如在凤凰卫视"一虎一席谈"节目现场与方舟子论战力挺唐骏。

·2012-9-10·

#郁闷的是，这年头我们得向骗子学习营销（三）#手段四：没底线的浮夸。在香港注册仅一万港元的公司居然吹牛说成注册资本十个亿，直接虚夸一万倍，比放卫星还厉害；公司名称"中国世代投资控股集团"又是"中国"又是"集团"，身份像极了跨国财团，只有两个股东的他也当仁不让地自封"董事局主席"。

·2012-9-10·

可口可乐

 # 郁闷的是，这年头我们得向骗子学习营销（四）# 手段五：嫁接技术胆大包天，他在公司的简介中竟敢把其他公司的很多项目毫不脸红也不怕法律风险地放进去，移花接木后当成自己的项目向客户推荐。手段六：善用新媒体，比如微博招标、狂言要收购五家上市公司、花1000万邀请500粉丝见面等，不断吸引眼球。

· 2012-9-10 ·

 # 郁闷的是，这年头我们得向骗子学习营销（五）# 手段七：编造诸多头衔，先是西太平洋大学博士，后被曝光为野鸡大学；他还自称是北京大学博士后，北京大学、清华大学、人民大学等诸多名校的客座教授，但经核查无一属实。纵观禹晋永的行骗成功经验，就是胆大包天，编造虚名，但永远做贼不心虚，充满自信。

· 2012-9-10 ·

 # 母子分离，或许能成就新品牌 # 诺基亚、摩托罗拉等患有大公司病的企业因效率低下、不敢创新而丧失着一个个好机会，最后走向日暮西山，是否能回光返照尚不得而知。百度旗下新品牌爱乐活有鉴于此，引入风投，与母体分离，从百度独立出来，完全按照一个市场化的创业项目独立运作，减少母公司对它的束缚。

· 2012-9-10 ·

百事可乐

 # 主动泄密是一种策略 # 商业上有两种泄密，一种是意外，一种是主动。意外或因大意造成或因商业间谍所为，都会造成损失。主动泄密则是商业运作的策略，比如大制作电影隔三岔五或曝下主角的疑似绯闻，或曝下殴打探班的记者；而前不久的西红柿门，傻子也知道是故意的谋划，目的就是引起关注为销售做铺垫。

· 2012-9-10 ·

#西红事（柿）# 刘强东和女下属几乎同一时间都在微博里秀了一盆西红柿的照片，接着有网友比对两盆西红柿照片是同一盆，接着再有人曝女主角年薪50万，持京东2万股票，影射可能存在非正常男女关系，进一步引发网友联想。最后，刘强东承认和女主角早在一起，发西红柿照片是不小心而为，自己躺着也中枪。

·2012-9-10·

#刘强东看似委屈，随即被证明早有谋划# 西红柿亮相后，京东官网开通了生鲜食品频道，开卖鸡蛋、猪肉、水果等生鲜食品，当然少不了功臣西红柿。即将上市的iPhone 5的规格、实物照片，甚至视频链接网上都有，而且已经在江湖流传了很久。苹果公司是管不了泄密者还是故意纵容，或是有意为之，则无从知晓。

·2012-9-10·

#将意外泄密转化为营销行为更需功力# 投资巨大的《十三钗》有四位演员将集训自拍照发到微博，张艺谋表面勃然大怒，而内心或许欣喜若狂。坚决彻底高调地开除这四位演员，在人们惊讶之时，老谋子将计就计，顺势而为制造了一个好话题，大家的胃口被吊得更足了。拿捏得当，当可化被动为主动，化腐朽为神奇。

·2012-9-10·

#做空机构或许像草原的狼，维系着生态平衡# 这两年浑水、香椽公司声名大震，频频做空中国海外上市公司，且每每得手。因卖空在二级市场，做空原则上扳不倒公司，那些被扳倒的都是自身问题曝光后投资人撤资或难融资，如果自身过硬，也不可能被真的做空。信息不对称的股市需要被监督，也需要恶狼淘汰病弱。

·2012-9-11·

喜力啤酒

172

＃地产行业成也调控，败也调控，但解决的根本之道是制度建设＃制度缺陷客观上形成了暴利窗口，开发商追求利润是以盈利为目的公司本分。房价上涨，政府就硬压，但这就像吃了降压药并不能治好高血压一样。不从根本上调节身体，血压将会越来越高。科学成熟稳定的制度，才能让开发商、老百姓获得有理性的预期。

·2012-9-11·

＃有些政策完全没逻辑可言＃宋卫平表示绿城下一步要做保障房和农民安置房，还要投资农业。这是绿城明确转型的信号，或许这也可以看作是中国地产行业的标志性事件——正式结束了高增长高利润而进入低增长低利润阶段。当然也很难说，冷不防又来个什么政策，杀出个调控，把行业整得忽热忽冷。

·2012-9-11·

＃理性的预期才能产生理性的行业＃现阶段在住房问题上，大家都感到委屈，开发商怪政府调控，老百姓怪政府调控不力。根源是政策存在漏洞导致了非理性预期；开发商产生高预期后，大量疯狂拍地，拍了地又被严控打压；房价涨时老百姓担心更涨，疯狂下单，跌时担心还会再跌，迟迟不肯出手，加深了冬天的寒意。

·2012-9-11·

＃绿城发展中学习是始终的任务＃绿城集团董事长宋卫平在接受南方都市报记者采访时表示，绿城卖股九龙仓及与融创合作后缓过气来。他表示在行业内，要向万科学物业，向星河湾学精装修，向龙湖学弗拉明戈的建筑和户型；在行业外，要学松下的经营之道，学奔驰的标准、质量和服务，也向苹果学经营者的境界。

·2012-9-11·

宝马 BMW:
Sheer Driving Pleasure

173

#专心做好传统产品，企业的生命力或许更强#高科技产品看似风光无限，实则危机重重，技术革新日新月异，稍一落后或者误判趋势，则可能带来致命的危机。传呼机迅速被淘汰，小灵通昙花一现，网络下载软件渐渐失势，电子书又遇平板电脑挑战。衣食住行产品是人类必需，因此，只要精心耕耘将走得更长远。

·2012–9–12·

#排名并非绝对权威，但至少我们可以当成一面镜子，对照反思改善#全球私营咨询机构声誉研究所发布了第四届年度评选，对 50 个国家和地区进行了声誉排名。加拿大、澳大利亚、瑞典和瑞士分列前 4 名。美国排在 23 位，中国和俄罗斯分列第 43 和 45 位，尼日利亚、巴基斯坦、伊朗、伊拉克分列第 47、48、49 和 50 位。

·2012–9–12·

#国家排名非常重要，一定程度上是国家品牌在全球范围内影响力的折射#国家品牌排名靠前则会吸引到更多的人才、资源、资金以及更多的旅游观光客、更多的产品忠实粉丝，对国家的持续发展具有重要意义，因而越来越引起政治家们的注意。据报道，仅北欧小国丹麦一个国家品牌委员会每年的经费就是 8000 万美元。

·2012–9–12·

梅塞德斯 – 奔驰
Mercedes-Benz:
The Best or Nothing

#"入国而不存其士，则亡国矣。见贤而不急，则缓其君矣。非贤无急，非士无与虑国。"#治理国家而不关心那里的人才，就有亡国的危险；见到人才而不马上任用，就要暂缓称君（墨子研究专家认为应译成"他们就会怠慢君主"）。没有比任用人才更急迫的事了，没有人才就不能谋划国家大事。

·2012–9–13·

 # 重读墨子，越发觉得古文的妙处 # "存其士" 一个 "存" 字，远比留住人才的含义更丰富，"存" 就是要使用好、保护好、发挥好，且要让人才长久地为己所用。"非贤无急"，一个 "急" 字，把求贤若渴的心态淋漓尽致地描写出来。结合自己带领团队的切身体会，延揽人才确是领导人的第一任务。

·2012-9-13·

 # 丧失了对品质完美追求的苹果或将走下坡路 # 全世界的果粉们似乎都表现出对 iPhone 5 的失望，完全不是想象中的产品。库克并没继承乔布斯对产品的完美追求，乔布斯把苹果当成艺术品，而库克把苹果当商品；乔布斯追求极致的完美，iPhone 5 不成熟，宁愿出 iPhone 4S，而库克不会为了一点瑕疵而推迟产品上市。

·2012-9-15·

 # 认知三部曲：先感性，后理性，再感性 # 所有展示给顾客的资料，包括产品说明、广告文案等都应遵循这一规律。第一步需要透过整体氛围的营造，给顾客好的第一印象；仅有浅层的第一印象是不可持久的，接着需要数据、案例等理性的证明；最后顾客产生信赖感，甚至是强烈的依赖感，营销才算大功告成。

·2012-9-16·

一汽 - 大众：Das-Auto

#万科的未来在服务# 郁亮表示房地产不再是支柱产业，更应该是一个配套产业。这既是郁亮对地产的认识，也是万科未来的定位，根据每座城市的发展来决定万科未来做什么。而我以为城市配套产业还不是万科的未来，万科更清晰的方向应在服务，围绕城市住房产业深度挖掘，延长服务价值链将创造巨大的市场空间。

·2012-9-17·

 # 上线于 2007 年的宝宝树，被美国 CNN 网站评为"十大最震撼商业模式"之一 # 其成功之道：一是聚焦于母婴交流平台，妈妈们将宝宝树当成了学习、分享孕婴知识的管道；二是联手中国母婴电商始祖红孩子，将社会化媒体和电子商务无缝衔接；三是深度挖掘母婴需求及家庭需求的数据，持续为家庭提供精准的服务。

·2012–9–18·

 # 体育明星代言，宜研究潜力股 # 奥运过后，一批夺金明星，转眼又成为商品代言的圈金明星。国际大赛获奖后签约，商家自然会付出不菲的代价，且耀眼的明星往往有多家赞助商，影响力会被稀释。因此，或许最佳的办法是企业往前迈一步，到体训队中去发现苗子，提前签约。当然，这需要精准的眼光，不能走眼。

·2012–9–19·

 # 电商决胜供应链 # 电商的共识是供应链至关重要。供应链有两个层面的问题要考虑，一是仓储物流体系的建设，既要考虑在何处建设最节省费用和时间，又要选择重资产的自建模式或轻资产的租用模式；二是仓储内不同类别物品的科学摆放，根据消费者的网购习惯将关联度高的物品放在一起，方便分拣，提高效率。

·2012–9–20·

 # 单一与多维的思维，各有千秋 # 做单一业务的策略公司因长期只提供一个类别的服务，虽然行业经验丰富，但可能形成很多思维的桎梏，条条框框比较多，难以真正突破和创新。而一家涉及多个行业的策略公司，不同行业间的智慧可以碰撞和交融，思维的束缚和制约比较少，反而能够天马行空，自由飞翔。

·2012–9–20·

福特 Ford: Go Further

#革命性产品失去"革命"的特性，仅靠持续的进化市场或许不买账# iPhone 5 发布后市场一片失望，或因苹果近年来发布的都是革命性产品，从 Ipod 到 iPhone，每一款新品总是引来众人的瞩目，消费者的期望过高。但革命性创新并非易事，某一产品不可能总是革命性改变；绝大部分跟进者，也仅在模仿或局部改良。

·2012–9–21·

#逐步进化，分步推出新产品，这是大品牌的市场策略# 革命性产品因其革命性往往会开创一个崭新的时代，比如 iPhone 开创了智能手机时代。划时代新品诞生后，需要无数的微创新来完善和优化。各品牌往往会根据市场及竞争产品的发展而逐步进化，每进化一步就推出一个改良产品，持续地把消费者的钱赚进口袋。

·2012–9–21·

 # 专利技术保护过犹不及 # 保护专利技术的本意是鼓励创新，在法律手段保证之下的潜在收益是投入财力人力进行创新的驱动力。但过于苛刻的专利制度或许正阻碍了技术创新。专利保护过久过严，将影响专利技术的广泛扩散和使用，阻碍更多新产品的问世；数额巨大的收益也易让专利拥有者不思进取，放慢创新步伐。

·2012–9–21·

 # 品牌新生，需既换汤也换药 # 蒙牛新形象刚刚发布，这是蒙牛成立 13 年来第一次大规模整容，以往蒙牛产品包装上的"蓝天白云、牛羊成群"的画面被"青草下一滴牛奶"替代。蒙牛表示，新形象不是单纯的视觉改变，而是蒙牛使命和核心价值观的回归，蒙牛将从每一滴原奶抓起，为消费者提供安全放心的产品。

·2012–9–21·

捷豹 Jaguar:
How ALIVE are you？

#开放与平等是创新的思想保证#曾经风光无限享誉世界的日本电器集体陷入困境，其直接的原因是创新不足，几无革命性的产品产生。但根本原因在于日本产业界普遍等级森严、自视甚高，从而自我封闭、对未来发展趋势产生误判。它没有美国人骨子里的上下级平等观念，很多来自基层的创新根本没有机会生根发芽。

·2012-9-22·

#找到更优秀的人才，打造卓越团队，需建设强大的雇主品牌#人力资源的供给与需求之间的矛盾越来越明显，应聘者期望值越来越高，雇主招人也越来越困难。应聘者在选择雇主时已不仅仅考虑企业知名度、行业影响力等硬指标，同时更关注在企业内部是否能真正被关心、尊重，是否能真正得到个性化和人性化发展。

·2012-9-23·

#格力未来的战略可能是在垂直产业链上做专业化扩张#格力电器在空调领域取得全球绝对控制份额后，未来可能将垂直产业链中的某些关键零部件拆分出来，作为独立的产品销售，由纵向扩张变为横向延伸，如同三星的半导体和面板会卖给别人一样。其要点是这些关键零部件技术必须保持领先，质量做到极致。

·2012-9-24·

CHANEL
香奈儿

#格力半年报营收及利润同比分别增长20%和30%，在行业整体业绩惨淡的背景下，成绩单格外漂亮#这得益于格力多年来抵制多元化诱惑而专注于空调的战略。"走专业化道路，就是逼着自己走独木桥，没有回头路，要不就掉下去，要不就坚持走下去。"正如董明珠所言，格力将空调做到极致，约占全球40%的份额。

·2012-9-24·

 # 创新的关键是能否自我否定，能否以开放的胸怀吸纳和学习 # 海尔并购三洋之后，改变了以往日本企业只能升不能降的人事制度，建立以目标和绩效为导向的机制。日本企业想学，但很难下定决心，因为这是对日本企业年功序列的颠覆性挑战。自己革自己的命很难，旧王朝做不到彻底自我变革，都是被外力推翻的。

· 2012-9-25 ·

 # 转向提供用户服务方案 # 海尔以冰箱起家，后从白色家电延伸至黑色家电及金融领域。在第三次工业革命的背景下，海尔各业务模块已悄然发生变化，其重点转向提供满意的服务方案，方案里的产品不一定全由海尔制造，比如手机电脑海尔已不再生产，但它可以把国内外相关产品进行整合，以满足用户需求。

· 2012-9-25 ·

 # 回归行业本质，方可持续成长 # 苏宁易购宣布收购母婴电商红孩子，是其整合并购垂直电商以获加速发展的战略。红孩子在母婴领域有超过 8 年经验，但由于资本机构过度干预而使它错误地向纯单商转型。电商的本质是零售，单靠所谓的资本驱动并不能保持长久活力，而只有回归到产业驱动的本质上来才可持续发展。

· 2012-9-26 ·

 # 世界五百强高管战斗在一线 # 沃尔玛（中国）CEO 高福澜同志就任仅半年就巡视了 240 家店，平均一天 1.3 个。他牢记零售行业前辈"零售即细节"的理念，通过高密度的巡视，从细节中发现问题，然后立即整改。全然不同于国内很多企业高管整天在电脑上写邮件玩文字游戏，或在会议室里开永远得不到贯彻落实的会议。

· 2012-9-27 ·

路易威登

#三星大胆采用对比策略的广告嘲笑 iPhone 5# 与苹果对簿公堂之后的三星又播放了两部 GS3 的宣传片，第一部是一位年轻的 GS3 用户替自己的父母排队购买 iPhone 5，以暗示 iPhone 5 是老年用手机；第二部是排队购买 iPhone 5 的用户被 GS3 之间 NFC 传输方式吸引，希望下一代 iPhone 5 增加这个很酷的功能。

· 2012-9-27 ·

#核心品类未做好就延伸，会稀释品牌资产# 红孩子是国内最早自建物流最早全国建基地最早拿到巨额风投的 B2C 网站，现在却只能卖身活命。其失败的原因之一是对趋势的误判，在母婴品类尚未做强时，就放开手做百货，基本停止对母婴品类的投入，导致核心客户流失，什么好卖卖什么，到头来自己什么也不是。

· 2012-9-29 ·

#放弃核心价值，就等于放弃了未来# 为了进军百货，红孩子推出缤购网，无疑是挥刀自宫，同时以己之短攻敌之长。红孩子以"目录＋网站"模式销售母婴产品起家，在消费者心智中代表着专业的母婴产品平台。红孩子成了缤购的一个频道后，一个最具灵魂的大师就成了一员发配边疆的小吏，最核心的资产被边缘化。

· 2012-9-29 ·

#以己之弱攻敌之强，不败才怪# 母婴产品还未做好，红孩子就不甘寂寞地销售化妆品、家居和健康产品，但无论网站内的陈列还是销量这些产品都是配角。成立缤购的梦想是打造百货电商，但时过境迁，当年的小弟京东、当当、淘宝商城（天猫）等已成大腕，在江湖上呼风唤雨。在逐鹿的群雄面前，缤购没有缤纷，只有灰暗。

· 2012-9-29 ·

PRADA

普拉达

#当丧失了对理想的追求，团队就容易出现对利益的追逐 #很多企业的失败，不是败给对手，而是败在内斗。内部斗争过多，大家只做人不做事，拉帮结派，巧言令色，欺上瞒下，而真正的实干者往往受排挤和打压。内斗带来的业绩下降又会加剧人人自危而各谋私利，产生腐败。正气不存，邪气上升，自会走向灭亡。

· 2012–9–29 ·

#有多少人或如职业和尚 #白天上班念经有口无心，晚上下班大鱼大肉，荤腥不忌。念经有口无心，根本不叫修行，而是消磨光阴，蹉跎岁月。工作有口无心，只会表面功夫，形式主义，溜须拍马，欺上瞒下；不用心念经，没有每日持续的精进，怎可能修成正果？不用心工作，不每天持续努力，怎可能取得佳绩？

· 2012–9–29 ·

#传统广告形式的改变 #兰蔻使用专业模特的一段视频在 YouTube 上冷冷清清，其转发数远远少于另一段采用家庭方式拍摄的视频。传统广告的形式看上去太"广告"，过于精致，更多惊艳，在制造被仰望的高度时却疏离了消费者。刻意为之的声音画面，卖东西的指向太过强烈，消费者易产生抵触和厌恶心理。

· 2012–9–30 ·

#制造一种魅力，让它看上去不是被制造出来的 #在社交媒体兴起的时代，消费者变成了信息的创造者和传播者，而非被动接受者。街头摄影风格的广告就像消费者自己用智能手机随意拍摄的，更易产生亲切感，从而被认同而频繁转发。当然营造不经意的画面，花费的价钱同样不菲，因为这需要更用心更卓越的创意。

· 2012–9–30 ·

Dior

迪奥

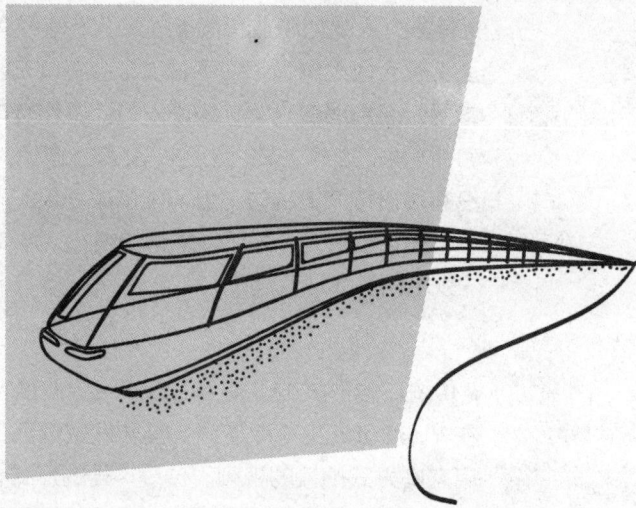

2012.10

#城市文化建设，应注意建构公共空间的审美#武汉轻轨一号线用现代诗歌取代商业广告，是武汉城市文化建设的一个小举措。诗歌不应是诗人的孤吟独唱，不应躺在冰冷的诗笺，艺术作品应该走向大众百姓。而城市文化也不在学者的书斋，不在精英的大脑，而在于是否有适当的空间或管道让市民欣赏和被熏陶。（2012-10-2）

寒来暑往，终成栋梁

#代言人与品牌两者的价值观重叠度越高，价值就越大#
户外用品探路者推出新口号"探路者，勇敢的心"，并起用汪峰作为品牌形象代言人。音乐才子汪峰，中国新摇滚的代表之一，他的歌曲充满了探索精神，倡导面对现实的困惑，不畏艰难勇敢追逐自己的理想。这与探路者所倡导的"勇敢"的价值观完全重叠。

·2012–10–1·

#探路者的精神# "曾经多少次跌倒在路上，曾经多少次折断过翅膀，如今我已不再感到彷徨，我想超越这平凡的生活。我想要怒放的生命，就像飞翔在辽阔天空，就像穿行在无边的旷野，拥有挣脱一切的力量。" "我要飞得更高飞得更高，狂风一样舞蹈挣脱怀抱。"这些充满力量的歌词，不正是行走在路上的探路者们真实的写照吗？

·2012–10–1·

#喧嚣的城市，需诗歌的浸润；繁华的商业，需书香的熏染# 一个"艺术中国·公共空间的诗歌"展示活动让武汉轻轨一号线的车厢内、桥柱上、站台边出现了300多首诗歌，取代了往日大红大绿的商业广告。在所有东西都物质化和货币化的现世当下，让人感觉突然，也让人在嘈杂拥挤步履匆匆中感觉到一丝温暖。

·2012–10–2·

#城市文化建设，应注意建构公共空间的审美# 武汉轻轨一号线用现代诗歌取代商业广告，是武汉城市文化建设的一个小举措。诗歌不应是诗人的孤吟独唱，不应躺在冰冷的诗笺，艺术作品应该走向大众百姓。而城市文化也不在学者的书斋，不在精英的大脑，而在于是否有适当的空间或管道让市民欣赏和被熏陶。

·2012–10–2·

#茅台的多元化之路会成功吗#茅台宣布进军茶产业，布局茶叶终端渠道，3年内发展500家茶叶专卖店。根据"适度多元化，走出酒天地"的战略，茅台已投资近20家企业，广泛涉足证券、银行、保险、地产、科研等领域。或从长期亏损的茅台啤酒被华润控制，雄心勃勃的红酒产业增长缓慢可以预想其未来的命运。

·2012-10-3·

#现代营销：从单向到互动#以往的品牌营销主要通过报纸电视等传统媒介进行单向的信息传递，而互联网时代在线营销除了信息的传递外，更重要的特点是网民的互动参与。让更多网民更长时间更深度地参与产生的效果最好，这就要求我们至少要做好两方面的工作，一是高质量的内容制造，引起网民兴趣；二是营销创新，让网民更容易发现。

·2012-10-4·

#来自苏格兰的威士忌尊尼获加在中秋前发布了主题为"明天不向前"的宣传#尊尼获加一贯主张"永远向前"，这次看似反向的宣传其实直指该品牌精神的实质：只有拥有前进的原动力，才可能真正持续向前。"明天不向前，因为全中国只一条路，回家的路"，希望人们回到家庭，感受温暖，蓄积向前的力量。

·2012-10-6·

#"屌丝"为何一夜之间成为"高富帅"#韩国艺人"鸟叔"Psy作词作曲演唱的《江南Style》红透韩国，收益颇丰。主要原因有四点：第一，内容和形式创新，看完后有"一秒钟可以变疯子"的感觉；第二，歌曲产品属性易复制和传播；第三，借助Youtube等网络平台，快速流传；第四，知名度带来大量版权、演出和广告收益。

·2012-10-6·

卡地亚

每一张外国电影海报都有一个中国孪生兄弟。好样的，中国制造。

·2012—10—6·

#洋未必干过土#上海虹桥火车站三楼有两家紧挨着的餐厅，一家是塞纳咖啡，一家是老娘舅。塞纳咖啡，名字似乎很洋气，但门可罗雀，生意冷清；而老娘舅却是人满为患，生意火爆。两家都打快捷便餐概念，但老娘舅听起来似乎比塞纳咖啡更像便餐一些。所以，在特定的地点主打特定的概念，土也可以干过洋。

· 2012-10-6 ·

#品牌要找魂#汾酒集团近三年实现百亿产值的跨越，董事长李秋喜认为是汾酒找到了"魂"。考古迹、查历史、找资料，理清了汾酒的基本脉络：六千年的酿造史，八百年前首创清香型白酒，是中国白酒的奠基者、白酒文化的传承者，是"国酒之源、清香之祖、文化之根"，凝聚成一句话就是"中国酒魂"。

· 2012-10-7 ·

#谁会一直手握大锤#海尔的文化馆里，有一个精心设计的环节，一抬头会突然看到一面镜子中的自己。镜子上写着："能阻挡我们的只有我们自己。"多年前张瑞敏抡起大锤砸冰箱，砸出了海尔品牌；这些年他手中的大锤并未放下，不停地砸东西，不断地突破，他担心过去成功的经验被固化，变成桎梏，成为障碍。

· 2012-10-8 ·

#创意的真正源泉是探寻事物本质#张瑞敏曾和麻省理工学院的教授们谈论他对洗衣机的看法，他说没有人想把一个大家伙搬到家里去，人们只是想要一件干净的衣服。如果能把衣服搞干净，为什么要这个大家伙？海尔已经有一款不用洗衣粉的洗衣机了，那可不可以不用水呢？张瑞敏的设想，或许会带来革命性的产品。

· 2012-10-8 ·

#研发的本质是什么#研发的本质就是创新成果，企业需要的是创新成果，而非创新的部门，那为什么一定要自己研发呢？因此，创新既可自己做，也可别人做，然后把成果买回来为我所用；当然，也可以联合起来做，共同开发共享成果。找到事物本质后，思想自由飞翔，思路自然开阔，自然拥有大视野、大格局。

·2012-10-8·

 # 一种新的工作日记方式#记工作日记已成为管理干部的基本要求，一般都是记下当天的主要工作事项，既是提醒又是记录，但大多数记事本用完后或束之高阁或当废品处理，不再产生新价值。一种新方式是，笔记本中的每一页都设计成三个区域，分三年使用，使用者能对比每年同一天发生的事情，便于总结和改进。

·2012-10-9·

#万达集团跑得飞快，是因为它有两条腿，一条是政府，一条是市场#高官家庭、军旅生涯、国企从业等背景的王健林，自然深谙政府之道，他对大政方针、行业趋势有着精准的把握；难能可贵的是，获得政府优质资源却不做简单的买空卖空生意，而是脚踏实地坚决地市场化经营产品、运作公司，在政府与市场间游刃有余。

·2012-10-10·

迈阿密热火队

 # 德国 Rimowa 旅行箱的品牌策略 # 1. 不把自己定义为旅行箱，而是高级配饰；2. 从来不进箱包专区，而是和其他世界顶级品牌做邻居；3. 从不找明星代言，认为所有的明星都有负面形象，代表不了自己的真材实料；4. 专卖店极度简洁，只有蓝白两色，认为产品才是主角，而装饰过于华丽是对自己产品的不自信。

·2012-10-11·

#永远保持在线升级的状态#一向显得高傲的 EMS 不得不低下高贵的头颅，开始降价。在 IPO 临近之时，EMS 的业绩不尽人意，市场占有率已落后于申通和圆通，在价格更敏感的电商领域已被边缘化，它必须在业务量和业务收入两方面发力追赶。但延长服务时间和提升服务质量，永远是 EMS 及其他快递公司需要持续优化的。

·2012-10-12·

#非常小器不小器#圣雅伦旗下非常小器指甲钳品牌，居全球第三中国第一，其隐形冠军之路有几个要点：1. 学习韩国 777 等品牌，质量过硬；2. 定位中高端，主打商务礼品，走团购路线；3. 产品附加文化元素，器小乾坤大；4. 采取了会员制的营销通路，搭建"冠军论道"商业论坛，聚集人脉，抢占顾客心智。

·2012-10-13·

#违背品牌规律就得交学费#凡客起先销售男式衬衣、T恤、帆布鞋，比较成功；后增加化妆品、电饭锅、拖把等产品，造成大量库存。其他电商只是产品销售渠道，凡客是通过网络销售自主品牌，所以它不能像其他电商那样销售庞杂的产品。在消费者心智中，一个品牌只能代表某些品类，凡客代表不了所有品类。

·2012-10-14·

#比亚迪在未真正做强 IT 和汽车的情况下，大力进军新能源，从而将自己推进泥潭，陷入品牌危机#王传福承认要为过去犯下的错误买单，其战略错误主要有：1. 以为过去成功的商业逻辑会继续成功；2. 未做强 IT 和汽车主业根基；3. 在政策、市场和技术等要素不成熟时，将新能源的摊子铺得太宽，前期投资过大。

·2012-10-15·

印第安纳步行者队

 # 澳门豆捞，服务细节中隐含的危机 #某日在澳门豆捞就餐，席间有人提议饮白酒，但酒店居然没有准备喝白酒的小酒杯；服务员把菜放在餐台，人就不知所踪，我们调笑说在这里就餐需自带服务员。后一问才知道该店一个服务员要管十个包厢，如此高效让人惊叹不已。只重扩张，不重服务，澳门豆捞或将走向衰败。

·2012–10–16·

 # 做决策的速度决定了事业成败 #张欣从华尔街到万通的见面会上认识了个子不高，其貌不扬，讲一口甘肃天水普通话的潘石屹。潘石屹睿智的讲话让张欣感觉相见恨晚。恋爱第四天，潘石屹就向张欣求婚。从相识到决定结婚，前后不到俩星期。后两夫妻创立SOHO，在地产界独树一帜。闪婚的背后凸现的是决断力。

·2012–10–17·

 # 理想主义是个人品牌的原动力 #张欣少年家贫，在香港工厂流水线工作，拼命读夜校，然后去英国上学，毕业后就职于世人仰慕的华尔街，但反感于充满算计和铜臭味的文化而回国发展。"人需要理想主义，不能每天都生活在各种问题中。理想让我们看得远、飞得高。"张欣就是被内心的理想主义激励而一直向前。

·2012–10–18·

 # 三星独特的商业模式展现出来的是开放的商业生态 #三星电子已成为全球手机业的领头羊，其成功源于独特的商业模式。三星既是电子类产品的终端产品商，同时也是向同行提供零部件的供应商；不仅接受数量庞大的外包服务，同时也在需要时向其他供应商采购零部件。三星模式展现出在电子数码产品上的开放心态。

孟菲斯灰熊队 ·2012–10–18·

191

 # 三星商业模式的开放属性，是其成功的重要原因 # 第一，通过外包或接受外包，并自主拥有终端产品，对市场的细微动向都能敏锐感知，始终掌握电子产品的潮流；第二，打通上下游产业链，既向对手出售零部件，又向对手购买零部件，没有门户之见，能整合全行业最优质的资源，从而快速推出模仿但有新价值的产品。

· 2012–10–18 ·

 # 可口可乐利润增长新方式 # 为了应对业绩增长放缓，协助可口可乐在全球的销售，该公司准备为 100 多个国家的女性提供培训，让 500 万贫困女性获得稳定收入。这并非是一个慈善计划，而是培养顾客群的公关手段，除了增强可口可乐的品牌影响力外，还直接增加了销售——摆脱贫困的女性将有更多的收入用于食品支出。

· 2012–10–19 ·

 # 古井贡酒"勾兑门"危机中的机会 # 古井贡酒勾兑风波仍在持续发酵，古井贡酒品牌形象受伤，股市受创，其他中低端白酒厂商及其经销商也是池鱼被殃。但四川及贵州的白酒企业却迎来机会，这两地的品牌酒企大多采用纯粮固态发酵生产，用食用酒精勾兑概率较小，给经销商及消费者的信赖感更强，销量不降反升。

· 2012–10–20 ·

AC 米兰

 # 被誉为中国太阳能教父或被毁为疯子的黄鸣，坚持简单的人际关系和正向的价值观 # 皇明公司内部，上下级之间、同事之间，如果出现错误，随时纠偏，关系简单；太阳能产品是绿色的，他要求公司的经营也是绿色的，坚持用等价交换的原则去做高品质产品；不在酒桌上下功夫，而是要用先进的文化净化被污染的社会。

· 2012–10–21 ·

 # 如果把"国酒"桂冠加诸某个品牌，是对其他名酒的严重不公 # "国酒茅台"商标通过初审，引发白酒及法律界的震动，批评之声众多。中国白酒历史悠久，形成了川酒、黔酒等白酒品牌群，汾酒、董酒、西凤酒、剑南春等名酒各有特色，且有浓香、酱香、清香等不同香型，任何单个的品牌都不足以代表中国白酒。

·2012–10–22·

 # 白酒行业，泛滥的"国"字招牌 # 白酒行业品牌策略深得中国文化"取法乎上得乎其中，取法乎中得乎其下"的精髓，潜规则是尽可能往高端靠，毫无创意的手法就是祭出"国"字杀器，国珍、国养、国藏、国窖、国典、国缘等国字号横空出世，茅台更不谦虚，直接以"国酒"自居，想在一片国字辈中抢占正宗地位。

·2012–10–22·

#HTC 深陷战略迷失泥淖（一）# 安卓阵营的 HTC 曾被寄予厚望对抗苹果 IPhone，因董事长王雪红推行的机海战术而陷困境。HTC 推出从 G1 到 G8 系列和灵感、惊艳系列，覆盖各个价格层次，但每一款手机都无法形成规模效应；加之各型号手机外观同质化，消费者分不清到底是哪款，品牌认知很模糊，业绩下滑是必然结果。

·2012–10–23·

#HTC 深陷战略迷失泥淖（二）# HTC 过宽的产品线使其"高不成，低不就"。定位中高端，却没有弄出一款可以和三星 G 系和 IPhone 媲美的明星产品，而容量更巨大的中低端智能手机市场，被国产的华为、中兴及联想等厂商占据。如果坚持精品战略，则必须承受阵痛，开发出标杆产品。问题是，市场会留给它多少时间？

·2012–10–23·

阿贾克斯

 # 老大优酷弱化老二土豆是浪费资源 #视频网站优酷和土豆以 100% 换股方式闪婚后，面临的最大挑战不是人才和管理的融合，而是如何增强双品牌的协同效应。正确的出路或是继续坚持两个品牌原定位和风格，甚至还要强化，让两者的差异化更明显。只有观众对两个品牌的认知依然清晰，两个网站的用户数才都会增长。

·2012-10-24·

 # 华为手机"高端"的定位并不明晰，正确的战略是先进技术 + 鲜明个性 #作为知名的电信设备制造商，华为手机在消费者市场上名头并不响亮，品牌形象还很弱。华为手机面临的迫切问题是在消费者心中找到一个位置，并占领它。华为须在强大的技术支撑基础上，打造核心价值，如此才能解决消费者"华为是谁"的疑问。

·2012-10-25·

 # 学会分享舞台 #如果舞台上只有一个演员，那不可能是一场精彩的演出。精彩的演出需要主持人的整体节奏把控，符合节目主题的氛围营造；需要全场焦点主角的真情流露和出色演技；需要衬托主角红花的配角绿叶。商业的演说中，也要学会把舞台分享给朋友、师长或权威人物。他们的分享会成为你最好的背书。

·2012-10-26·

 # 商业沟通的要诀：简单、直接，便于转述 #在商业沟通中有一种误区，为了让别人信服而展示大量的调查研究工作细节，旁征博引，堆砌数据。殊不知，冗长的描述性语言含金量其实并不高，听众只需要知道你的结论是什么、得出这个结论的原因是什么，以及按照这个结论该如何行动等三个要点，仅此而已。

·2012-10-26·

Ω
OMEGA

欧米茄

#揭示出对方核心利益的沟通才有效#无论是日常沟通，还是商业广告，都要转变一个思路，从"我关心什么、我想表达什么、我的产品有什么好处"转向"对方关心什么、他希望得到什么利益、他希望听到什么"。我们沟通的出发点和归属点都应该在对方身上，如果没有揭示出对方的利益和价值，沟通很难有成效。

· 2012–10–26 ·

 # 越具体越有力 #作证明时，越具体的表达越有力量。具体的数据比模糊的约指有力，"增长30% 的业绩"比"业绩获得很大增长"更有效，即便后者实际增长50%；精确的语言比空洞的语言更有效，"我会在 100 天达成目标"远比"我希望尽快达成目标"要有力量得多，老是说"希望"基本上没有希望，因为没有行动。

· 2012–10–26 ·

 # 百达翡丽的坚守（一）：确保最纯正的日内瓦血统 #诞生于 1839 年的百达翡丽，奉行"独立自主、尊崇传统、革新创造、品质工艺、珍贵稀有、恒久价值、工艺美学、优质服务、情感传递、承传优质"十大理念。为了坚守和传承这些理念，一直坚持家族化管理，确保最纯正的日内瓦血统。而职业经理人可能会为了追求当前利润而破坏公司秉承的理念。

· 2012–10–27 ·

 # 百达翡丽的坚守（二）：他对我来说从不是生意 #泰瑞·斯登作为百达翡丽第四代传人，其任务就是做好品牌价值的坚守和传承。在百达翡丽上海店乔迁外滩源时，他表示，为新店开幕而特别展出的经典计时"Star Caliber 2000"，从来就没有被当成过商品，他从未想过要出售它，就像从小玩大的兄弟，舍不得让它离开。

· 2012–10–27 ·

PATEK PHILIPPE
GENEVE

百达翡丽

#百达翡丽的坚守（三）：没有了信任，我会选择结束合作#
为了规范市场，泰瑞·斯登坚决不允许渠道出现任何问题，经销商必须严格按照百达翡丽品牌的要求正规运作，否则杀无赦。即便如德国排名第二，欧洲十大零售商之一大佬也不例外。百达翡丽不在乎失去经销售渠道，他在乎的是确保百达翡丽品牌的纯正和纯洁。

· 2012-10-27 ·

#百达翡丽的坚守（四）：我们不急着赶路# 泰瑞·斯登认为，目前中国只需两家旗舰店就足够了。他的意思是他对发展速度不感兴趣，每年的产量都只是在头一年的基础之上增加1%—2%。不追求发展速度，一方面是基于品牌的控制，确保优秀品质；另一方面也是一种策略，减少市场供应，刻意保持饥渴度是提高品牌价值的好办法。

· 2012-10-27 ·

#百达翡丽的坚守（五）：不需要到处都是戴百达翡丽的人# 奢侈品与一般商品不一样，购买者更在乎的是价值体验和情感体验。要保持其奢侈的属性，它就不能把大众当成顾客，它的拥有者只能是少数的社会精英，或者认同该品牌文化的稀有生物。如果百达翡丽人手一只，那它就不是百达翡丽了，只是普通的计时器而已。

· 2012-10-27 ·

#百达翡丽的坚守（六）：并不只关心数据# 泰瑞·斯登在评价上海百达翡丽新店"Maison"时说，这里并非销售中心，没有人只关心数据。的确如此，如果刻意关心销售数据，放下贵族身段而成为凡夫俗子卖浆者流，想要的数据也不会来。坚持打造顶级的奢侈品，确保顶级腕表的地位，好看的数据自然会来，甚至超出想象。

· 2012-10-27 ·

BREITLING
1884
百年灵

#因对趋势把握不准，微软从市场引领者变成跟随者#
微软开发部某高管表示在 2007 年微软就研发出类似
ipod 的播放器和 iPda 的平板电脑，但微软当时全力维
护网络安全而未能提前推出。真正的原因或许是微软没
能正确预测未来，如果当初它预测到移动产品的巨大市
场，即便遇到再大困难，它也会推出这些革命性产品。
（2012-10-28）

#冯军的天真想法（一）#去年批评过冯军推出哥窑相
机完全违背品牌规律必败无疑，今年哥窑相机似乎真的
销声匿迹了。今天的冯军不谈哥窑不谈上市，兴趣全部
集中在国际化联盟上。但可以预见的是，这很可能又是
一个坏主意，可能给冯军带来更惨痛的失败，不花心思
在自己安身立命的产品和市场上，哪有不败的道理？
·2012-10-28·

#冯军的天真想法（二）#国际化的确是中国企业下一
步需要面对的课题。过去十年，一些国企先行走出去，
无论是基于它国政治考量还是商业歧视，国企的国际化
之路走得并不顺利。但一条基本的规律是颠扑不破的真
理，那就是走出去之前，自己得先硬起来。侠客仗剑行
游之前需练好内功，否则，江湖就是别人的江湖。
·2012-10-28·

#冯军的天真想法（三）#冯军是一个高调的"演讲者"
而不是"爱国者"，他的心思似乎主要在提升知名度上。
在连续亏损的情况下赞助迈凯轮车队，与国际奥委会签
订超长期合约，支付高额的赞助费，给公司带来沉重的
负担，但并未带来良好的市场表现。没有明星产品支撑，
即便烧再多的钱，神马都是浮云。
·2012-10-28·

VACHERON CONSTANTIN
Manufacture Horlogère, Genève, depuis 1755

江诗丹顿

197

#冯军的天真想法（四）#在产品上不用心，产品就不会让你省心。冯军喜欢到处凑热闹，到处赶场子发表声情并茂的演讲。两脚不沾地满世界乱飞，呆在办公室的时间极少，这与其他科技类公司老总成天泡在实验室专注于产品研发大相径庭。注意力在哪里，哪里才会被注意。心思不在产品上，就不会有好的产品和市场。

·2012-10-28·

#冯军的天真想法（五）#爱国者国际联盟究竟是什么东西？或许就只是个平台，一次性交纳 20 万年费，可获一年四次国外考察；缴纳 3.98 万元年费，可参加 10 次国内活动。这是一个公益组织，还是一个盈利组织？显然这是一个会员制的盈利平台，但问题是冯军能否真正让这个平台产生价值，以获得更多的会员加入？

·2012-10-28·

#用好网络游戏的营销工具#传统广告传播单向、价格昂贵，品牌商开始把目光转向网络游戏。利用网络游戏做宣传，一般有两种模式，一种是广告植入，一种是定制游戏。广告植入模式是游戏公司按自己的定位开发游戏，以游戏为主，广告为辅，其特点是品牌商投入的费用有限，但品牌露脸的机会并不多，影响有限。

·2012-10-30·

Chopard

萧邦

#定制游戏是一种新的营销模式#游戏专为所要宣传的品牌进行设计，以实现营销效果最大化。要做好需注意几点：一是剧情的设计要与品牌高度结合；二是游戏玩家与品牌客户要最大程度重合；三是不能因品牌高密度植入影响游戏的好玩；四是通过激励措施让更多人参与；五是和其他伙伴合作与消费者产生更多互动。

·2012-10-30·

#圈子经济因美女与大亨变得更引人注目#国人讲人情，讲派系，讲圈子，古已有之，早为常态。但近日因地产大亨婚变而有升华之趋势，火了女演员田朴珺，也火了商学院EMBA。看来，习以为常的东西要火起来，都需要一个引爆点，演员与老板，美女加大亨，在任何时代都是好材料。元芳，你怎么看？

·2012–10–31·

#人的一生，应该像王石那样度过#保尔·柯察金说："人的一生，应当这样度过，当他回首往事时，不因虚度年华而悔恨，也不因碌碌无为而羞耻。"王石在全民崇军的年代参军，在恢复高考前上了大学，在改革开放之初下海经商，在地产市场刚起之时做地产，将万科打造成地产第一品牌之后，华丽转身隐退江湖。

·2012–10–31·

#这才是真性情的王石#局外人因不知情，对王石的婚变不宜做过多的道德评判。王石一生都在追逐着梦想，追求着极致，追寻着自由，从倒腾各种生意，到做减法专做地产；从登世界最高峰，到哈佛游学向永远无法登顶的文化之峰进发，他一直激情飞扬；花甲之年又出其不意闹点似绯非绯的绯闻，引来无数围观讨伐。

·2012–10–31·

LONGINES

浪琴

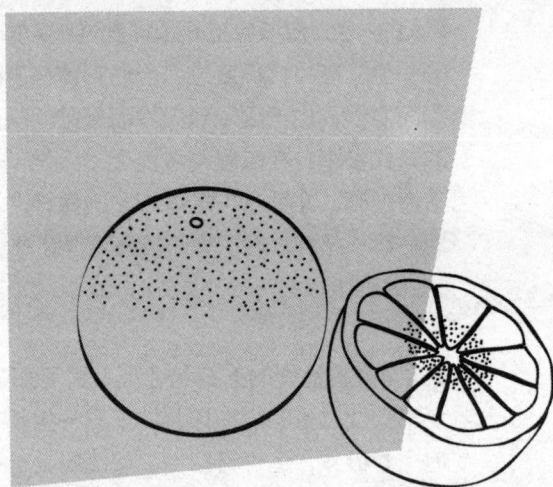

2012.11

 # 你有没有品牌背书 #褚橙被热捧，除了产品本身质量的确不错外，更重要的原因是它有"褚时健"这样一个超级的品牌背书。褚时健在 51 岁时执掌玉溪卷烟厂，随后一手将一间地方小烟厂打造成亚洲第一烟企，成为风云人物。褚时健 1999年因贪污被判无期，引起全国轰动，也引发了国企高管薪酬制度的改革。（2012-11-18）

十年树木，千年树王

#瑞士成为 2012 年全球最佳国家品牌#据全球品牌咨询公司未来品牌发布的 2012 年国家品牌指数，瑞士替代加拿大成为今年的第一，理由是在动荡环境中瑞士保持着经济、社会和文化的稳定，是一切围绕着民众需要而构建的国家。良好的国家品牌既是国民生活幸福的体现，也更容易吸引到它国的投资、移民及旅游者。

·2012–11–1·

#战略制定的首要原则：把握趋势，顺应潮流#随着手机拍照能力的提升，画质与普通便携式相机相差无几，这对各照相机品牌的入门级产品造成了巨大冲击，市场需求下滑明显。佳能相机因时而变，调整战略，降低入门级产品所占比例，重点发展高端相机和数码单反，以超高画质及拍摄体验与拍照手机建立起竞争壁垒。

·2012–11–1·

#提升产品竞争力的关键是掌握核心零部件的研发及生产#尽管中国科技进步迅速，但迄今为止仍未研发出高性能的飞机发动机。有报道称政府正评估一项 1000 亿人民币的投资计划，以推进飞机引擎研发。这消息来得似乎有些晚，我们早就应该在这一领域花大力气，下狠功夫，有过硬的关键零部件才能不受制于人。

·2012–11–1·

#用智慧，少花钱，办好事#维珍航空在伦敦奥运会开幕前两周在纽约搞了场活动，将纽约联合广场布置成英国国旗广场，让工作人员扮成不苟言笑的白金汉宫卫兵，大家只要在一分钟内逗笑他，即可获赠一张去伦敦的免费机票，围观者众，有唱歌有跳舞有学怪叫的，现场气氛热烈。此活动花钱很少但影响很大。

·2012–11–3·

PIAGET

伯爵

#越无理的要求，越能博眼球#维珍航空为搞好这场活动，事先经过精心筹划。在 Twitter 上呼吁纽约市长布隆伯格将联合广场改名英国国旗广场，以纪念英国女王伊丽莎白二世在位钻石周年。当然，市长不会同意这一无理要求。不过，市长同意与否并不重要，维珍已经成功吸引了大众注意，顺利将活动地点作了预告。

· 2012－11－3 ·

#将事前的呼吁变成"事实"，放大传播效果#市长不改名，维珍就将联合广场插满英国国旗，整出一个山寨版的英国国旗广场；不同意搞活动纪念英国女王登基六十年，那就把英国皇家卫兵秀出来，红色制服、毛绒高帽形象就与女王搭上了关系；免费赠送伦敦机票，则与奥运会相联系。搞笑中，维珍成功营销了自己。

· 2012－11－3 ·

#说大话，是对自己的坚定承诺#我们有时会发现喜欢吹牛说大话的人更容易有市场。当然，仅仅靠吹牛说大话肯定不能获得信任。而获得信任的，是因为这些看上去很大的话，或者看上去很高远的目标，他们没有仅仅停留在口头，而是做出了切实的行动，用行动去拿成果。大话变成了现实，自然获得信任。

· 2012－11－3 ·

#说了大话，就不能给自己留下退路#说了大话，就相当于作出了公开声明，将自己亮相于大庭广众之下。大话之所以叫大话，其描述的内容并非容易实现。世上有两种说大话的人，一种是说了后一遇困难就给自己找一大堆不能实现的理由；一种是说了就排除万难，全力以赴去实现。前者庸庸碌碌，后者往往成就非凡。

· 2012－11－3 ·

ROLEX

劳力士

#企业也应该"说大话"#高远的愿景可以放大领导人的格局，从而带来更宽广的发展空间。与实现个人目标类似，企业也必须脚踏实地一步一个脚印往前走，接受一个比一个更为艰难的挑战。要实现非凡的目标，所遇到的困难自然非同寻常，这就要求企业必须坚定信心，百折不挠，决不言败。生命不息，奋斗不止。

·2012–11–3·

#奥利奥行动没有#出生于伦敦奥运会首日的一只大熊猫经全球征名后被命名为"奥莉奥"。名字由美国网友丽贝卡提供，原因之一是丽贝卡喜欢的奥利奥（Oreo）饼干颜色与大熊猫体色一致。据专家称，熊猫命名要体现和父母特别是母亲的联系，这只奥运熊猫的母亲叫"莉莉"，于是"奥利奥"就变成了"奥莉奥"。

·2012–11–3·

#问题是，奥利奥行动没有#名字一公布，又引来一片质疑声，怀疑这是商业化操作。拿国宝大熊猫来运作，是需要相当勇气的。但问题的另一面是，假如这真是100%巧合的话，卡夫卡公司在名称公布后有没有采取行动？比如更亲密地接触大熊猫，利用其可爱的外貌、全球知名的形象，进行一系列的营销活动？

·2012–11–3·

#整合的关键是思维方式的整合#全球最大的零售商沃尔玛正式控股目前国内最大网上超市1号店，沃尔玛持股51%，平安持股39%，1号店创始团队持股不到10%。从股本结构看，1号店将面临线上线下整合的挑战，毕竟线上和线下运作思路不一样，熟悉线上运作的创业团队决策将可能受制于熟悉线下实体店运作的大股东。

·2012–11–4·

205

#3D 打印技术将深刻改变未来#以影响和记录数字革命为使命的《连线》杂志主编克里斯·安德森即将辞职，担任自创的 3D 打印公司的 CEO。长期以行业观察者和评论者的安德森，面对 3D 打印的前景，实在 Hold 不住内心的激动而下海去做 3D 新时代的实践者。他坚信 3D 技术将颠覆式地改变我们的生活方式和商业行为。

·2012-11-4·

#加多宝持续发力，巩固《中国好声音》战果#《中国好声音》火了浙江卫视，也火了加多宝。《中国好声音》第二季广告招标，加多宝又力克群雄，以 2 亿元的天价再次取得独家冠名权。鸿道集团在失去王老吉商标后，必须尽快实现从王老吉到加多宝的品牌转换，通过好声音第一季建立的品牌需要在第二季实现延续和巩固。

·2012-11-5·

#产品过剩的时代，做得好，也要说得好#近日，HTC 董事长王雪红公开检讨，相比苹果和三星，HTC 最欠缺的就是宣传，必须加强品牌和渠道建设。HTC 一直注重创新，第一部 3G、4G 手机都是 HTC 开发的，第一部安卓手机也是 HTC 推出的。但是，市场并不会因为谁先创新就买谁的账，而是看谁最先宣传，谁宣传得更好。

·2012-11-5·

BURJ®
AL ARAB
阿联酋迪拜伯瓷酒店

#诺奖的商机#莫言获诺贝尔奖，全民皆喜，商家尤喜，书商狂印莫言作品，莫言家乡高密拟投 1000 万"种万亩红高粱"、打造"莫言故居"等旅游景点，真是商机无限。更让老百姓羡慕的是六年前一工程师注册的"莫言醉"白酒商标，售价已从 600 万上升到税后 1000 万元，相比当年 1000 元的注册费，升值一万倍。

·2012-11-6·

 # 抛开理性消费莫言"文学"的严肃话题，"莫言醉"做白酒商标真绝妙 #白酒特别讲究历史沉淀、文化内涵，莫言作为第一位获诺贝尔文学奖的华人及中国人，其文化底蕴及影响力足以支撑莫言醉酒。但好名字需要好酒配，莫言醉最好卖给郎酒等知名酒企。区区 1000 万元之于大酒企，一笔广告费而已，赚了。

· 2012–11–6 ·

 # 等着别人来革自己的命，还不如自己革自己的命 # 百度李彦宏最近在一封题为"改变，从你我开始"的内部邮件中强调，百度必须密切关注用户动向并做出改变。现在用户搜索行为呈现出从 PC 往移动终端迁移的动向，百度不应维持现状让用户留在 PC 上，而是主动做好移动搜索，引导用户尽快迁移到无线移动终端上。

· 2012–11–7 ·

 # 发现隐性机会 #品牌营销要常质疑早已形成惯性的思维方式，常检讨产品质量是否可再提升，外观设计是否可再改良，产品种类是否可再丰富；已有的销售渠道是否被充分利用，哪些被同行忽视的渠道可以被利用；顾客单次消费价格和消费次数是否可以提高；哪些日常的管理还可更高效。越检视越能发现隐性机会。

· 2012–11–8 ·

#广告的效果 80% 取决于标题 #广告很多但好广告很少，原因之一是忽视了标题的重要性。平庸的标题或许是很华美的词语，但看了不会给人留下印象。杰出的标题或简单直接地阐述带给客户的价值，或用幽默或用合理的夸张引人注意。只有被关注，顾客才可能被打动产生购买行为。否则，再优美的文字和画面也是无效。

· 2012–11–9 ·

希尔顿酒店：
Travel is more than just A to B.

 # 激烈的电商之战最后将可能是模式的竞争 #由淘宝始创的"光棍节"马上就到了，不可避免这又将是一场网购者的饕餮大餐，也将是一场电商之间的恶战。有电商公敌之称的刘强东一改以往的高调，选择了沉默，但也有可能出奇不意，绝地反击；苏宁易购通过联合、收购等方式丰富了图书、服装、母婴及小商品品类。

· 2012-11-9 ·

 # 巨头的较量：综合品牌力 #苏宁易购基本完成从家电3C电商向综合电商的转型，注定将与淘宝和天猫狭路相逢，上演一场近身肉搏战。淘宝天猫和苏宁易购竞争的意义不只是两企业的竞争，也是传统零售连锁与网商的战争，还是自主经营平台和开放式平台电商的战争。不管何种模式，最终拼的还是品质、物流、服务等形成的综合品牌力。

· 2012-11-9 ·

 # 世界第一营销大师杰·亚伯拉罕分享他获得行销能力的经验 # 1. 对事物保持巨大的好奇心；2. 时刻保持批判性的创新思维；3. 不看事物表面，而是找寻内在的原理；4. 多到一线调查访问，切身感受消费者需求及其变化；5. 刨根问底，不要急于找到终极答案；6. 多倾听善倾听，倾听比说更能有收获。

· 2012-11-10 ·

 # 苹果员工更换苹果电脑，选择联想 #这样的标题是否可以吸引到读者？当然。创造苹果的不用苹果，这样的反讽或许真的会发生，苹果正在丧失曾有的优秀文化，比如"鼓励冒险和创新"，"洞察市场的变化"，"以开创新一代产品或伟大产品为己任"，不是"非常喜欢"就是"非常讨厌"的追求极致和完美的文化。

· 2012-11-10 ·

#用户数是王道#这是互联网的规则，与出身高贵、服务对象高贵与否无关。曾经红遍全球的MSN无奈陨落，引发广大用户的哀思。MSN带着一身洋味来到中国，俘获了一大帮白领的芳心，出身草根的QQ入不了他们的法眼。但腾讯不卑不亢，通过免费模式及不断创新，用户数持续增长，成为中国互联网市值最高的公司。

·2012–11–11·

#利用趋势成就优势#在线旅游的黑马驴妈妈是国内旅游景区门票分销量最大的网站之一。其迅速发展的原因是对趋势的准确把握及实施差异化战略。公司准确预测了休闲游、自助游将日渐增多，旅客需求越来越个性化。因此，公司定位做中国最好的自助游服务商，与成熟的商务旅行模式及垂直搜索引擎模式区别开来。

·2012–11–12·

#相比狼性，更需要勤劳勇敢的传统美德#方太集团董事长茅忠群在"2012年国际家族企业论坛"上表示，企业倡导狼性文化是一种倒退。现在大量关于"狼"文化的书籍充斥书店，似乎到处是豺狼成群、虎豹结队。市场竞争激烈，要求员工勇往直前无可厚非，但狼性中的凶残狡诈如在企业生根，必定是企业的灾难。

·2012–11–13·

#两面针从巅峰跌落低谷#两面针曾是"国产牙膏第一品牌"，现在却连年亏损，落得个靠出售所持中信证券股票维持生计的可怜境地。两面针的衰落，既是被联合利华和宝洁等国际品牌围剿的结果，更是自身盲目多元化所造成。两面针广泛涉足贸易、房产、造纸、资本运作等领域，不专注不聚焦，创新乏力品牌老化。

·2012–11–14·

假日酒店：
自在自我。Be yourself.

209

#创新，需要鼓励创新的土壤#创新并非一个新鲜话题，大到人类社会的每一个进步，小到一件产品的细微改良，都是由创新的思想推动。但创新并非易事，不是想创新就能够创新，它取决于诸多因素。首先，创新需要组织拥有浓郁的鼓励创新的文化氛围，宽容创新失败，允许组织成员打破常规，敢于犯错。

·2012-11-15·

#创新，需要理想主义#竞争激烈的商场，过度的利益追逐，我们容易迷失本应前进的方向。过于现实的世界，让很多人失去了梦想，不清楚所有追求的终极意义；我们在意的是声名和利益，而缺乏"改变世界"的理想。如果没有发自内心的使命与责任，或许就会为眼前利益而抄袭、模仿、盗版，而不会真正去创造。

·2012-11-15·

#创新，如何才能落地？#其次，需要建立鼓励创新的机制。光有鼓励员工奇思异想，宽容犯错的文化还不够，保持长久的创新活力需要制度保证。组织内应设立专门创新的机构、建立专门的创新制度和奖励政策，要避免"多做多错、少做少错、不做不错，多做多挨骂、少做少挨骂、不做不挨骂"的情况发生。

·2012-11-15·

#三星叫板苹果，或许只是迟早的事#市场传闻三星向苹果额外索要高达 20% 的芯片代工费，苹果苦于一时找不到合适的代工企业被迫答应。三星很快否认这一传闻，说合约早已签订，不可能说改就改。但苹果叫板三星，只是迟早的事。当苹果越依赖三星的代工，三星越接近苹果的品牌影响力，竞合矛盾必然越突出。

·2012-11-16·

 # 世界"最差"旅馆的营销之道(一)#一般的酒店无不宣传自己的好,但荷兰汉斯·布林克尔经济酒店却反其道而行之,竭尽全力宣称自己是全世界最差的旅馆,酒店前台光线昏暗、客房像牢房、双层铁床似乎要散架、地毯破烂、没有热水等。尽管它并非世界最差,却聪明地占据了"最差"的定位,而引起广泛关注。

·2012–11–17·

 # 世界"最差"旅馆的营销之道(二)#坦诚自嘲,略带幽默感的宣传风格,反而产生亲和力。电梯破旧,有环保电梯——楼梯;不提供热水,是减少用水;鼓励窗帘擦身,减少清洗次数是"拯救地球"。酒店广告语竟是"没法更糟了,但我们将尽力",甚至这样自我介绍:"四十年来一直以让旅客大失所望而自豪。"

·2012–11–17·

 # 世界"最差"旅馆的营销之道(三)#宣传最差实质上是降低客人的期望值。酒店的设施及服务的确不敢恭维,但顾客的投诉却很少,因为它早已事先告之,客人不会抱有更高的期望。相反,有些客人觉得真实的条件并没有宣传的那么糟而产生好感。过度夸张的宣传,顾客的期望就被抬升,反而变得更容易挑剔。

·2012–11–17·

 # 取好品牌名字的秘诀#红塔集团老帅褚时健种出的橙子刚上市时并未获得好反应,其名称为"云冠"冰糖橙。"云冠"看似很好,却没有包含真正与竞争品牌相区别的价值诉求,难以打动消费者。后褚妻以一横幅"褚时健种的橙子"揭示了最与众不同之处,与竞品建立了差异化,获得市场追捧,一上市即销售一空。

·2012–11–18·

豪生酒店:
不管您去哪里,请在这里停留。
Go anywhere. Stay here.

211

#好产品，需好打理#好的产品不是随随便便就可以获得的，能够成为品牌的产品无不经过精心照顾和打理。褚时健为了种出好橙子，自己用烟梗等原料研制的肥料是正宗的有机肥，无任何化学成分，同时还有灭虫防虫的功效。前几年云南大旱，褚时健借款花巨资将山泉引到果园，保证果树充足的水分需求。

· 2012-11-18 ·

#懂得舍弃，才会有收获#一棵果树，开花很多结果很多未必是件好事，过多的花果会消耗大量的养料，导致整棵果树营养不良，而单个果实的养分也必然不足。据说，褚时健在种橙子时让农民剪去多余的枝叶，每棵树只保留240-260朵花，确保每颗果实都能获得充足的光照、足够的养分，从而保证每颗果实的质量。

· 2012-11-18 ·

#你有没有品牌背书#褚橙被热捧，除了产品本身质量的确不错外，更重要的原因是它有"褚时健"这样一个超级的品牌背书。褚时健在51岁时执掌玉溪卷烟厂，随后一手将一间地方小烟厂打造成亚洲第一烟企，成为风云人物。褚时健1999年因贪污被判无期，引起全国轰动，也引发了国企高管薪酬制度的改革。

· 2012-11-18 ·

#感人故事，营销的神器#《中国梦想秀》获得通过的选手大多有一个感人至深的故事赢得观众的情感认同。褚时健从风云人物沦为阶下囚，从云端到监牢全都是故事。他减刑出狱后已75岁，以古稀之身与妻子上山种橙子而成为励志范本。业界大佬王石对此赞誉有加，据本来生活网数据显示，购买者大多是被其感动的。

· 2012-11-18 ·

 # 如何才能被主流媒体报道 # 这是公关公司和客户必须面对的问题。第一应为读者着想。网络、社交媒体的兴起，让本来就纷繁复杂的资讯更加混乱，不想让读者看垃圾，内容就必须有意义，即信息新鲜、视角独特、影响广泛等。第二应为媒体着想。顶级媒体需要独家报道，透过转发、讨论而增加销量及提升品牌价值。

· 2012–11–19 ·

 # 有机农业，难在让消费者相信 # 有机农产品市场前景看好，但市场打开的速度并未像消费者渴求的那样急迫，大多投资经营者尚未盈利。关键原因是很难让消费者相信产品真的有机，从种子选择到整个培育过程以及后期加工包装运输等全产业链都没有受到农药、化肥等污染，或不良残留物含量很低，在安全范围之内。

· 2012–11–20 ·

 # 过程透明，才能被证明 # "乡土乡亲"有机农产品建立了一套独特的体系，让整个生产过程完全透明，真正实现国际质量体系认证"任何产品都可以追溯源头"的要求。采用实名制，生产者的名字印在包装上；建立生产日志，将生产过程真实全面记录下来并提供第三方权威检测数据；消费者 365 天可随时参观农场。

· 2012–11–20 ·

 # 一场世纪婚礼，一场成功的营销 # 11 月 11 日光棍节，霍启刚和郭晶晶举行婚礼，地点选在南沙。霍家的豪门地位和郭晶晶的冠军影响力，吸引了无数眼球，采访婚宴的注册媒体就有 100 多家，涵盖体育、地产、娱乐、经济、名人、科技等领域，盛况空前。11 月 16 日，其弟霍启山即高调宣布霍家决定开发南沙的房地产项目。

· 2012–11–22 ·

213

 # 李克强总理开会给企业家的启发一：尊重基层原创 #
李克强总理在本月 21 日召开的全国综合配套改革试点
工作座谈会上强调，改革既要有顶层设计，又要尊重基
层的首创精神。这一论断极具智慧。当老板搞企业，也
要既做好宏观的顶层设计，更要充分尊重来自基层的创
新，充分调动基层的积极性，聆听他们的建议。

·2012–11–23·

 # 李克强总理开会给企业家的启发二：强调改革试点 #
中国面积太大，民族众多，地区发展不均衡，国情复杂，
所以要先搞 11 个试点。这也是改革开放 30 多年的成功
经验。上规模的企业在进行重大变革时，也宜先行先试，
搞个试点作为探索，获取经验和教训后完善改革方案。
千万不能盲目大调整，万一不成功则损失惨重。

·2012–11–23·

**# 李克强总理开会给企业家的启发三：解决问题要找关
键突破口 #**中国现阶段问题很多，各种问题相互交织、
影响和制约。要解决这些问题，就必须抓住"处理好政
府与市场的关系"这一关键突破口。企业大了也一样，
问题很多，千头万绪，只有解决主要矛盾或矛盾的主要
方面，才不会老当消防队员。

·2012–11–23·

威斯汀酒店：
探索，体验！
Explore & Experience.

 # 李克强总理开会给企业家的启发四：会风改革 #除议
题聚焦于改革外，常年在会场服务的工作人员也感到了
"改革"——会风的变化。总理听取汇报过程中，不断
地发问，问得很专业和深入，有些官员不大适应，因为
手中的汇报材料找不到现成答案。会风的改变或带来官
员作风的改变。今后，念稿官员可能不好混了。

·2012–11–23·

 # 全面制胜，还是局部突围 # 国家品牌的建立因各国资源禀赋不同，宜采用不同的策略。国土面积大人口多的国家，宜采用综合发展的战略，谋求全面均衡的发展。比如，中美俄等大国，都应从政治、经济、文化、教育等各方面齐头并进。国土面积小人口少的国家，宜重点发展优势产业，比如顶级手表让瑞士名满天下。

· 2012–11–23 ·

 # 明星 + 名媛，成就爱马仕传奇 # 摩纳哥王妃、好莱坞著名影星葛莉丝·凯莉以六甲之身出席某场合，为遮掩隆起的小腹，她将爱马仕皮包挡在身前，而这一幕恰巧被《生活》杂志记者拍到，用作了封面，爱马仕凯莉皮包因而声名大振。现在，要订制一个凯莉包，需要等上好几年，而维修和保养均由同一名匠师负责。

· 2012–11–23 ·

#10 岁小女孩与工商所所长约架 # 一个 10 岁小姑娘，手持小刀，举着"你打我爷爷，和你决斗"的牌子，当街站立，似有小侠女之风范。小姑娘称她的爷爷被某工商所副所长打伤，没有得到任何赔偿，她长大了要和他决斗。小姑娘与所长，小刀与公权，形成强烈的反差，于是就有了戏剧性的效果。好主意，好策划。

· 2012–11–23 ·

雅高套房饭店：
雅高套房饭店。一种新的酒店生活。
Suite hotel. A new way of hotel living.

 # 酒鬼酒真的有鬼 # 酒鬼酒被曝塑化剂超标 260%，被迫停牌，部分超市也将酒鬼酒下架或暂停销售。难道酒鬼酒真如其名所言有鬼，而且鬼得很？酒鬼酒在随后的公告中不承认塑化剂超标，坚称一天喝一斤无害。无论酒鬼酒承认与否，不良的影响已在市场蔓延，除了采取切实的补救措施外，任何的辩解都是无益的。

· 2012–11–24 ·

#新飞,还能飞吗#近日,已故的新飞创始人刘炳银的照片被放大数十倍,放在了新飞总部门前,俨然变身为灵堂。几条白布做的条幅悬在空中,高音喇叭播放着告新飞同胞书,工人们呼喊着"涨工资,驱除无德无能无为的三无人员,理性救新飞"的口号。这就是那只曾经展翅翱翔、声名显赫的雄鹰今日的真实状态。

· 2012-11-26 ·

#谁肢解了新飞# "集会、示威、高音喇叭、口号"这场面是早已远去的特殊年代的景象,而今却在新乡重演。一切的发生似乎源于新加坡丰隆电器的入主。新飞电器在新乡市政府的主导下与新加坡丰隆电器和豫新电器合资,经过几轮整合重组,新飞集团被肢解,新飞电器被丰隆绝对控股,中方高管失去决策经营权。

· 2012-11-26 ·

#政府主导还是市场主导#李总理在刚召开的综合配套改革座谈会上强调,"把该由市场和社会发挥作用的交给市场和社会,这也是改革的方向"。新飞的衰落,应该有多方面的原因,或许,无形的手起着重要的作用,过多的干预也许违背了市场经济的基本规律。市场的问题,就交由市场去解决,政府不宜过多干预。

· 2012-11-26 ·

百加得

#是事业还是生意#或如新飞员工所言,丰隆压心思根儿就不在经营新飞品牌上,只把它成当了一桩生意,或如朱新礼所言"企业要当猪卖",坊间的确有传闻丰隆拟以7亿元的价格出售新飞,但因估值过高,并未有买家接盘。新飞电器现任总裁吴俊财承认的确与其他公司洽谈过收购事宜。看来,新飞不是他们的事业。

· 2012-11-26 ·

#当猪卖的企业，也要当儿子养#朱新礼的"企业要当儿子养，当猪卖"的言论饱受诟病，能当猪卖的前提是要当儿子养，要用心养才能养出价值，才能卖得上价钱。据新飞电器员工反映，丰隆公司的高管根本就没用心经营，很少去车间，上下级很难沟通，员工得不到尊重，甚至"主管技术的副总连冰箱材料都不清楚"。

·2012-11-26·

#可笑的"国际化"变革#丰隆电器入主新飞后，跑步与国际接轨。据报道，这些计划包括"QPP（质量与生命计划）、GSP（持续增长计划）、GAP（加速增长计划）"等一系列的新理念，但这些看似好听的新理念新思路，却被员工视为笑话。或许这只是员工的偏见，但不能落地的新名词真的只能浪费资源，别无好处。

·2012-11-26·

#一朝天子一朝臣#中国自古以来就有一朝天子一朝臣的说法，朝庭政治与企业经营也如此，换了总裁，一大帮中高层领导跟着换。理由或许是，不是自己亲信，自己的想法很难得到贯彻或者彻底的执行。这实是无能表现。如果真的有能耐，以身作责、率先垂范、做出成绩，反对者自然会心服口服，威信自然而然树立。

·2012-11-26·

绝对伏特加

#空降高管，悬停空中#据说新飞的高层每月都有变动，高管大多空降。新到任即全球旅行，美其名曰考察。空降高管特征大同小异：喜坐办室，不愿下车间，更不会视工人如兄弟；严格按制度休假，度周末；巨额高薪，每月支付，以便随时走人；喜写邮件，善把简单整复杂。虽叫空降，但往往是悬停，降而不落地。

·2012-11-26·

#没搞清楚对象的营销，叫脑残营销#"新飞广告做得好，不如新飞冰箱好"的电视广告家喻户晓、耳熟能详，可是新领导人认为新飞品牌形象太土，于是花大力气赞助超级赛车节、新思路世界模特大赛、中超足球联赛等，以为这就能"注入青春活力"。新飞冰箱的用户是一些爱看电视的人群，搞那些活动就是扔钱。

·2012—11—26·

#无论怎么变，它还是一只鸟#新飞现在经营堪忧，管理层为树新形象换了新标志，老鹰变海鸥，从陆地鸟儿变大海鸟儿，就能土变洋了吗？就能扭转乾坤吗？标志标志，顾名思义，只是一个符号而已，只是"标"，不是"本"，不在"本"上下功夫，"标"整得再完美，即便沉鱼落雁、闭月羞花，还是一只"鸟"。

·2012—11—26·

#"英雄"没落#中国最知名的钢笔品牌"英雄"在上海联合产权交易所挂牌，以 250 万元的价格转让公司49% 的股权。昔日指点江山的英雄，今日只能卖股求生。是手写时代的远去还是经营的无方？如果说是时代的必然，但派克和万宝龙却逆市增长，售价昂贵。英雄钢笔近年在研发、工艺及营销上没有突破，竞争落败就很正常。

·2012—11—26·

#时代在变，钢笔的属性也需变#随着电脑的普及，用笔书写的情况越来越少，廉价的中性笔又席卷书写市场，让传统的钢笔几无立足之地。新的时代，钢笔的书写属性越来越弱化，现在它的新身份是礼品，它应有的定位是奢侈品。品类属性变化，研发设计生产也必须因之而变，否则就会被时代大潮所抛弃，日暮西山。

人头马

·2012—11—26·

#找回企业家精神#褚橙无疑是近来最热门的话题之一，质量优销售火。某实力雄厚的投资公司有意运作其上市，被褚时健拒绝。经历过大半生商海沉浮的褚时健，"没心情和他们玩"，只想做点实实在在的事情。在金融变时尚、投机很盛行、踏实是老土的浮躁商业环境下，褚时健踏实做产品是回归企业家精神的范本。

·2012–11–27·

 # 人应该向狗学习#陈九霖近日撰文表示，狗最忠诚，而现代社会异常稀缺忠诚；狗会生存，面对大狗既会冲上去撕咬，又会在实力不济时寻求主人保护；狗既能拿得起，又能放得下；既能借势而为，又知适时进退；既能得之泰然，又可舍之洒脱。经历磨难，懂生存智慧的他必有作为。

·2012–11–28·

 # 借势大师，哪里都可以 #北京某整合传播机构乔迁新址，其会议室全部选择传播行业的世界大师的名字来命名。这一创意有几个好处：第一，以此向这些杰出的大师表达敬意；第二，营造了良好的办公环境；第三，给客户以本公司"世界级水准"的暗示；第四，时时提醒员工，要以世界大师为标杆创作足够震撼的作品。

·2012–11–29·

 # 欲擒故纵的营销 #"劲酒虽好，不要贪杯哦"，是典型的欲擒故纵策略，表面是在提醒消费者不要多喝，实际更容易激起消费者多饮的欲望。一句友情提醒，传达了品牌对消费者的关心，拉近了与消费者的心理距离；不宜多饮的告知，其实质是埋藏了一点点神秘，而人性的特点是越神秘的越向往，越不能的越想试试。

·2012–11–30·

里卡尔

2012.12

#正视媒体进化，顺应传播潮流#无论何时，传播效力取决于内容的优劣和平台的强弱。内容决定传播价值，平台决定其影响范围。传统媒体如此，而以互联网特别是移动互联网为代表的新媒体也是如此，其内容必须为更精准的人群特制；平台的作用也更明显，除了传播信息，还要有更强大的互动功能和信息再生功能。（2012-12-19）

万法归宗，活着就好

 # 巧用品牌两面性的秘诀 # 品牌的两面性包括物理层面和心理层面，物理层面指的是材质、工艺、设计等可见部分，心理层面指的是情感体验，包括尊崇、身份、感动等。仅仅聚焦于物理层面的品牌诉求，顾客会很理性而不愿下单或多付钱；顾客在购买品牌时如果能获得某种情感的满足，则易变得感性而愿多付掏腰包。

·2012-12-1·

 # 你不改变，消费者就叛变 # 在中国宝洁旗下的护肤品只有 OLAY 玉兰油和 SK-II 两个品牌，高端的 SK-II，在铅超标危机后消费者信心大受打击，销量严重下滑；OLAY 玉兰油定位偏低，在消费者购买力大大提升的背景下，原来只能购买中低端产品的消费者纷纷转向雅诗兰黛等高端品牌，玉兰油并未从趋势变化中获益多少。

·2012-12-2·

 # 董事长亲自下单，只为检验可能存在的漏洞 # 供应链体系的高效率是电商的核心竞争力之一，为了监测供应链的薄弱环节，一号店董事长于刚每周都会通过不同的终端亲自下一单，每单至少要找出 4 个问题以改进供应链管理。在不断的挑刺过程中，一号店的供应链管理越做越好，顾客满意度达 92%，吸引了沃尔玛并购。

·2012-12-3·

 # 强势加情义，中国式领导的两手 # 世界上很多成功的大企业都有一个强势的领导人，他们集权、强权甚至被员工认为是独裁者，比如苹果的乔布斯、娃哈哈的宗庆后。独裁虽不受人待见，却能最快形成效率。不过，中国式领导的智慧，在强权外还需要有情有义，需要和员工一起战斗，荣辱与共，才能让员产生忠诚。

·2012-12-4·

马爹利

#大家都好"色"#美国营销界总结出"7 秒定律"，即消费者在 7 秒内决定是否下单。在短短 7 秒内影响消费者的各种形象因素中，色彩的影响率高达 67%。因此，重视产品的外观，特别是选择合适的色彩，在产品、包装、环境、店装、服饰等各环节营造与品牌价值观一致的氛围能大大提高营销效率，降低营销成本。

·2012-12-6·

#成龙 VS 李小龙#成龙出道之初，被称为"李小龙"。成龙想要成为成龙，不想活在李小龙的阴影中，于是他对李小龙进行了深入研究，李小龙踢得高，他就踢得低；李小龙打完有一个标准造型，他就不摆造型，慢慢地，没有人再叫他"李小龙"了。成龙与李小龙成功建立了鲜明的区隔，塑造了独特的个人品牌。

·2012-12-6·

#时过境迁，低价策略还会生效吗#格兰仕扔下重磅炸弹，以 999 元滚筒洗衣机引发行业震动。格兰仕曾经用低价策略引发微波炉市场的血拼，最终以专一的品牌形象赢得了成功，后转型成为中高端品牌。如果它形成"滚筒洗衣机就是格兰仕，格兰仕就是滚筒洗衣机"的品牌印象后，格兰仕还会是微波炉的代名词吗？

·2012-12-7·

#创新的第一要诀：利他心#创新在当下竞争激烈的商业环境下受到空前重视和追捧，但很多企业在创新上却乏有建树。或许是因为功利心太强，反而创不了新。一个十四岁的美国华裔女孩林心瑜心怀利他心推动了"化油脂为燃料"的小区服务，成功将废弃的厨房剩余油脂转化成采暖用的生物燃油，造福众多贫困家庭。

·2012-12-8·

 # 让不相关的事物产生关联，靠什么？靠用心 #林心瑜通过媒体得知当地部分居民承担不起冬天的暖气费和下水道因废弃油脂而堵塞的问题。这是当地的新闻，很多人都知道，只有她将两者联系起来。她组成小区服务队，广泛宣传回收废油的重要性，搜集废油交专门的公司处理，精炼成生物燃油后分送给贫困家庭使用。

·2012-12-8·

 # 不为名反而有名 #林心瑜开展的"化油脂为燃料"服务已为 146 户家庭提供了 55267 升的生物燃油，还成功推动了当地回收废油立法。小姑娘获得了总统环保奖、海洋世界 / 布希花园环保奖等，还两度受到奥巴马的接见，最近被 CNN 第 6 届《十大英雄明星》评选为三位"青年奇才"之一。她不争于声名反而名满天下。

·2012-12-8·

 # 撤换创始人，风投的惯用伎俩 # VC 在控股后，往往会让创始人离开，或因创始人不称职或因价值观不合或因找到都认为合适的 CEO 人选。但 VC 让创始人离开，大多数都是源于"不是自己人"的不信任。其实，创始人与外聘 CEO 相比，更有勇往无前的激情、敢于试错的创新冲动、捍卫正确愿景的决心，更受团队尊敬。

·2012-12-9·

 # 墨迹留痕迹 #墨迹天气专做手机天气软件，在与新浪天气及气象局等对手的竞争中胜出，原因之一在于专注做天气，更注重用户体验。墨迹天气有一个 UCC 功能，用户可以将身边的天气状况拍照后即时上传，别的使用者能够实时看到，还可以在上面互动交流。这比短信提醒或传统的文字显示更直观、更生动、更好玩。

·2012-12-10·

博鸿小菜

#世界顶级大师的启发#近两个月来，连续向亚伯拉罕、博恩崔西两位顶级世界大师学习，收获很多，体会最深的有几点：1.大师也是普通人，并没有惊人的理论；2.大师的思想都来自于日常工作生活的点点滴滴；3.大师之所以为大师，其心量和格局比一般人大，可以容下更大的世界；4.大师强调知行合一。

·2012–12–12·

#首富因为没有副#今年 67 岁的宗庆后还在一线战斗，每天 7 点过就到办公室，晚上 10 点下班还算早的，至今没有退休的迹象，反而多次表示"干到不能干为止"。宗庆后贵为首富，但并未前呼后拥，甚至连副总都没有设，全国 170 多家子公司负责人都直接向宗庆后汇报。或许正因为中间层级的减少而让管理更高效。

·2012–12–12·

 # 接受这样的事实："大多数传统营销理论已经过时"#
互联网的普及与社交媒体的兴起，彻底改变了人们接受信息的方式、渠道和数量。人们从以前被动接受信息到现在主动搜寻信息，从接受信息者变身为信息的制造者和传播者；而接受信息的渠道变得多元和细分，数据也变得海量，传统的营销手段已很难奏效。

·2012–12–13·

 # 拟建中国第一高楼的挑战#江苏中南建设拟建造一座高达 700 米的超高层建筑，超过在建的武汉绿地中心（636 米）和规划中的深圳平安金融中心（660 米）。中南建设将面临两大挑战：一是高负债运作，稍有不慎资金链就会断裂；二是今年刚涉足商业地产，其有限的运营能力难以支撑体量如此巨大的项目。

·2012–12–14·

菜博士

 # 食品问题老曝光，或是好事 #塑化剂风波尚未平息，徐福记又现抗氧化剂问题。层出不穷、不断曝光的食品问题让老百姓看得心惊肉跳，似乎中国几无可食者。从问题的另一面看，频频出现问题或是好事，问题只有暴露出来，见了阳光，才会引起重视，从而被解决。不像以前，我们都被蒙在鼓里，还傻傻地自得其乐。

·2012–12–15·

 # 徐福记，危机公关或又在添乱 #近几日徐福记被推到风口浪尖，深圳福田区法院一审判决徐福记芒果酥、芝麻香酥沙琪玛及落花生酥心糖含有抗氧化剂，而国家标准规定不得在糕点及糖果中添加抗氧化剂。徐福记副总裁胡嘉逊公开表示，这些抗氧化剂是由原料带入，而不是添加的，不会召回产品，仅能凭小票退货。

·2012–12–15·

 # 有些辩解没有意义 #徐福记表示对判决不服，要依法上诉。不管最终结果如何，徐福记面对如此敏感的问题高调宣称没有问题，已经棋败一着。第一，消费者关心的是最终数据是否超标，对抗氧化剂是否由原料带入并不关心，徐福记拿出《食品安全国家标准食品添加剂使用标准》中的带入原则辩解对消费者毫无意义。

·2012–12–15·

 # 越辩越黑，越辩越白 #第二，食品安全全民关心，各大品牌不时曝出安全问题，消费者深恶痛绝，早已不会盲目相信品牌的说辞，即便真的没有问题，市场的风声也让消费者宁信其有，不信其无。在如此消费心理下，徐福记不虚心检讨，只会引发更多质疑，招来更多调查，或挖出更多问题，甚至引发行业的整顿。

·2012–12–15·

227

#八卦真的只是八卦#偶像派钢琴家马克西姆因为 1 秒钟能弹出惊人的 16 键而走红，这是典型的技术派炒作方式。在中国流行的是八卦绯闻，艺人要走红得炮制一些花边聊作谈资。八卦也与时俱进，常规的吸引不了人，现在进化到贩卖同性恋，故意散布无中生有的个人隐私，以迎合泛娱化时代大众享受轻松的心理。

·2012-12-16·

#投资人的第一素质是准确把握趋势#天使投资人蔡文胜投资的 TTG 近日在澳大利亚上市，所投的暴风影音也在报会排队中，作为非互联网的圈外人，其成功来源于敏锐的嗅觉。2008 年第一台安卓手机 G1 上市，他就预见了诺基亚的塞班系统没有前途。2010 年极力说服他所投资的 opda 放弃塞班，专注于安卓，获得成功。

·2012-12-17·

#有预见，还有果敢的决断力#蔡文胜极力推崇安卓，但 opda 的苏光升并没有引起重视，认为诺基亚推出 E7 后还有前途。蔡文胜果决地对苏光升说，很多项目投资千万美元没有成功最根本的原因就是方向错了，必须痛下决心，放弃没有希望的东西。断臂新生后的 opda 随后推出的安卓优化大师和卓大师获得巨大成功。

·2012-12-17·

#可怕的记录跟踪#亚马逊即将推出实时广告交易平台，给谷歌和 Facebook 造成巨大压力。该平台能够跟踪用户在亚马逊网站的浏览记录及购买习惯，精准锁定用户，持续跟踪。比如，用户在亚马逊上浏览了一款产品，但没有立即购买，当该用户访问亚马逊下属网站和合作网站时，用户就能看到同款产品的广告。

·2012-12-18·

万华 V 谷

 # 正视媒体进化，顺应传播潮流 #无论何时，传播效力取决于内容优劣和平台的强弱。内容决定传播价值，平台决定其影响范围。传统媒体如此，而以互联网特别是移动互联网为代表的新媒体也是如此，其内容必须为更精准的人群特制；平台的作用也更明显，除了传播信息，还要有更强大的互动功能和信息再生功能。

·2012-12-19·

 # 小米的粉丝经济 #小米全部是通过互联网来营销的，它对粉丝经济理解很透彻，粉丝不仅是看客，更是顾客，还是很多创新思想的免费提供者。小米每周都会更新软件功能，三分之一是由米粉提供的，米粉们因此有了强烈的参与感，形成了一个独特的意见群体，小米不被理解而遭指责时，米粉们反而抱团支持小米品牌。

·2012-12-20·

#明星代言的第二种选择#"梦想，是注定孤独的旅行……哪怕遍体鳞伤，也要活得漂亮。我是陈欧，我为自己代言。"聚美优品 CEO 兼联合创始人陈欧自己当代言人，拍了一支近两分钟的广告在湖南卫视《快乐大本营》黄金时间播出，引起广泛关注。看惯了明星代言，创业者自己给自己代言显得与众不同。

·2012-12-21·

 # 或许，如此谦逊才成就了大家莫言 #莫言获诺奖后，各色头脑敏锐者盯上了莫言经济，希望借助其影响力，搭上顺风车或出名或获利。莫言在《红高粱家族》序言中写道，"他一直羞于编文集，写了三十年了，难免泥沙俱下，良莠不齐，虚掷了许多大好光阴，浪费了许多才华"。为人处事做企业搞经营，也当学此谦逊。

·2012-12-22·

中国联合

 # 自导"质量门"，剑走偏锋的奇招 #新西兰某水果酒采用新鲜水果榨汁而成，而其他竞品使用浓缩水果糖浆。为凸显自己的独特，该品牌导演了一个质量事件，故意在包装箱内放置了果枝，产品上市后任由消费者和媒体口诛笔伐，两周后才出面澄清，告诉大家因为酒是由新鲜水果榨汁而成，所以才不小心带入了枝叶。

·2012-12-23·

 # 企业年终述职可否现场直播 #温州市官员年终述职搞创新，市直属 27 个部门一把手在全市人民面前亮相，接受四套班子、群众代表和专家学者打分，温州电视台、温州人民广播电台和温州网同步直播。企业年终都要搞总结和述职，但大多形式大过内容，是否也改革一下，来个现场直播，接受全员的监督？

·2012-12-24·

 # 奇火锅"奇"在哪里（一）：珠峰上找魂 #奇火锅总裁谢莉克服严重的高原反应和重重困难，登上了世界屋脊珠穆朗玛峰，将重庆火锅的大旗插上了世界之巅，她采集了雪水，准备将雪水融入火锅锅底。她想融入火锅的或是做品牌的专注精神，很多火锅或转做投资或转做地产或转做它业，而她一直在坚持中前行。

·2012-12-25·

 # 奇火锅"奇"在哪里（二）：文化上寻根 #奇火锅的另一半是余勇，他主管战略、规划和品牌等宏观层面的工作，但他花了很多精力准备写一本火锅方面的书籍，通过梳理火锅的发展历史、调料菜式的变化和与火锅相关的逸闻与趣事，从文化上寻找到火锅的根，从而改变火锅不上档次，登不了大雅之堂的传统观念。

·2012-12-25·

漕舫船

#奇火锅"奇"在哪里（三）：品位上着力#奇火锅将火锅店定位为"中国人的咖啡馆"，将重庆一老电影院改造成精品火锅店，收集电影放映机、电影海报、电影票、电影院老照片等，以电影为主题，多方位展示上世纪的文化生活，加上硬件的仿古风格，营造了浓浓的怀旧氛围。有精品菜，有文艺范，有档次，有品位。

· 2012-12-25 ·

#奇火锅"奇"在哪里（四）：平台上下功#奇火锅开创性地设立了中央厨房，所有的菜品采购、洗净切好装袋后配送至各个门店，店员只需打开包装就直接摆上餐桌。这样做有几个好处：一是统一采购，便于成本控制；二是集中处理，可保证质量及卫生；三是节约各门店人手；四是上菜时间更快，客人等候时间更短。

· 2012-12-25 ·

#奇火锅"奇"在哪里（五）：细节上用心#奇火锅推出了佐料自助岛，对顾客而言可以自主选择所想要的调料，品类和数量自由选择；对奇火锅而言也节省了人力，减少了顾客因服务员怠慢而产生的不满。菜单中将高中低档菜品混排，高附加值菜品放在顾客视线最佳的地方，这直接导致顾客点中高档菜的概率增加。

· 2012-12-25 ·

#奇火锅"奇"在哪里（六）：营销上借势#火锅企业注重形象宣传的并不多，但奇火锅不一样，它善于借势。比如，2012年荣获"重庆非去不可"的十大名片之一，自然而然，"爱上一座城，恋上一火锅"就成了最好的营销选择，加上正宗的味道和药膳养生概念，外地游客寻访奇火锅，只为感受奇火锅"奇"在哪里。

· 2012-12-25 ·

Bohang 博航

#洽洽瓜子，恰恰有问题#有记者卧底洽洽瓜子工厂，发现洽洽瓜子在生产过程中员工不戴手套直接用手分拣、添加修改日期的香精、新入职员工未办健康证、煮瓜子的水不是一次性换等等。防火防盗防记者，记者卧底令上市公司防不胜防。洽洽瓜子或应转念一想，面对挑刺敢于改正，或正是公司上台阶的好机会。

· 2012-12-25 ·

#十月妈咪，找准市场缝隙下手#孕妇装市场曾不被商家看好，很少有人大投入。十月妈咪看到孕妇装没有一个品牌，认为这是好机会，值得专注去做，在年产值只有 4000 万时就敢花 300 万找小 S 代言，花几百万在上海地铁内做广告。同时，实施砍掉加盟商建直营店等严格管理品牌的手段，十月妈咪做成了孕妇装第一品牌。

· 2012-12-26 ·

#云南白药投资旅游地产的隐忧#云南白药宣布投资 38 亿元打造位于大理的"双溪健身苑"国际高端养生度假基地，除此以外，还在西双版纳和昆明拿地开发高端会所。暂且不论云南白药能否将白药牙膏的成功经验复制到旅游地产上，仅如此大体量开发规模能否有市场、运营模式是否成熟等问题就值得考量和担忧。

· 2012-12-27 ·

#你知道你的品牌核心资产是什么#旅游地产、养生会所是当下的热门语汇，云南白药大规模投资旅游地产，借助知名度低成本圈地，这看似是占了便宜，实则却伤害了自身的核心品牌资产。云南白药牙膏品牌的延伸成功，是其核心资产白药的药用价值吸引了消费者。在旅游地产领域，云南白药的品牌资产为零。

· 2012-12-27 ·

浙江省四川商会

#三星手机是如何超过前一代的#三星手机炙手可热，其发展势头已超苹果。它是如何后来居上的？三星手机设计师们保持着强烈的好奇心和创新力，在增加应用程序时，创造更为便捷和愉悦的使用体验；从柔和线条上追求人与自然的和谐关系；整个团队以追求"创造一款特别的产品"为共同目标。有梦想才能够卓越。

·2012-12-28·

#开心农场不开心#曾风靡大江南北，玩家半夜也会起来"偷菜"的开心网或将解散。其联合创始人之一是我多年前的朋友，我在全民种菜偷菜、开心网最火之时提醒他必须让游戏持续进化，开发绿色健康版，但并未引起重视。外来和尚好念经，身边人或许因为彼此太熟悉而没有神秘感，其好的建议往往不会得到重视。

·2012-12-29·

#《泰囧》一点也不"囧"#《泰囧》上市不久票房收入即超7亿元，无疑是今年贺岁电影市场一匹黑马，而且不是一般的黑。贺岁市场是大片的竞技场，其获胜的规律是一个好故事加上轻松快乐的氛围，而由徐峥、王宝强和黄渤搭档而成的喜剧组合，不断地制造欢笑，让观众心情很愉悦。观众爽了，票房自然不愁。

·2012-12-30·

#366天做一件事#从2012年1月1日开始每天1条信息分享，到今天为止刚好一周年。感谢每天被我骚扰的朋友们，是你们的陪伴与监督让我不敢丝毫懈怠。366天风雨无阻的坚持，加深了我对品牌的认识，提升了我的时间管理能力和文字写作能力，分享的内容已汇入《品牌营销非常道》一书，即将出版发行。

·2012-12-31·

浙江大学 MPA 学院

233

中国，迈向世界的国家品牌

2011 年 1 月 18 日，中国再次成为世界的焦点。当美国纽约时报广场的户外大屏幕上一抹亮丽的中国红，正以每分钟 4 次、每小时 15 次的频率滚动播放时，国家主席胡锦涛乘坐的专机顺利抵达美国华盛顿安德鲁斯空军基地，受到美国政府和民众的热情欢迎。

这抹中国红就是新鲜出炉的《中国国家形象片——人物篇》，这部不足 60 秒的片子里，59 位中国人先后登场，涵盖了诸多行业的精英人物，有媒体把出场的人归了类，诸如"让世界思考的中国人""让世界沉醉的中国人""让世界重视的中国人"等等。

中国在海外播放广告片并不是头一次。2009 年 11 月 23 日美国有线新闻网（CNN）亚洲频道就播出了一部 30 秒的"中国制造"广告片，当时我们想通过片子告诉世界，中国制造其实是携手世界，共同制造。

两部片子的内容不同，诉求的重点也不同，但相同的是都引来了广泛的热议，各方基本的着眼点都聚焦于广告片的创意。作为国家形象片来讲，创意固然重要，但我们或许不能对一部只有几十秒的广告片有太多苛求，它不可能完全承载起中国品牌的推广任务。而热议从某种意义上讲就是一种成功，因为它受到了关注，不管有没有如《卫报》撰文所说的那样"展现了中国强大的软实力，向世界传达了一个柔和、丰满的中国"的效果，至少，这标志着中国已开始重视国家品牌的建设和推广。

世界上所有的国家都在自觉或不自觉地塑造着自己的品牌。从社会制度上讲，有社会主义和资本主义之分；从策略上讲，有谋求全面强大，也有强化某一优势的等等。美国，透过经济、军事、政治等各种手段，不遗余力地向世界推销着它平等自由的价值观，它的身影不断地出现在世界各地，在很多领域拥有话语权；它注重创新，大力发展高科技产业和信息产业，综合实力成为全球无可争议的第一，它当老大已有很多年；而国土面积小、人口少的瑞士，却拥有世界上几乎全部的名表，创造了世界高端奢侈钟表的不朽传奇，二者可谓是国家品牌成功塑造的经典。

新中国成立以来，国家的品牌建设卓有成效。尽管在这一过程中我们走过很多弯路，吃了很多苦头，甚至遭受巨大的灾难，但是中国都在倔强地前行，不断探索国富民强的道路，筚路蓝缕到今天，最终赢得了世界的瞩目。而中华民族要实现伟大复兴，中国要持续强盛，就必须系统科学地规划国家品牌。

首先，我们要科学定位国家品牌。从最早的"打倒旧社会，建立新中国"到后来的"阶段斗争一抓就灵"；从改革开放后的"中国制造"到现在的"中国创造"，中国不断地调整着自己的定位。定位决定位置，国家有了准确的定位，才可能在舆论导向、国家政策、法律法规、产业规划、资源配置等方面支撑这一定位，才可能最终成为想要成为的国家。譬如，我们若还沾沾自喜于依靠廉价劳动力赚取微薄加工费的OEM，我们就只能永远是产业链条最低端的"世界工厂"。

其次，我们要做好国家品牌背后的产品。国家品牌建设的关键是我们在哪些方面做得出色，在哪些方面拥有话语权，我们能带给这个世界什么样的优秀成果等等。综合看来，一个国家的产品，无非是三大类，一是文化，二是企业产品，三是人。中国要树立享誉全世界的国家品牌，就必须输出自己的文化和价值观。美国崇尚创新文化和好莱坞文化，日本精工制造文化和动漫文化，韩国推崇饮食文化和快时尚文化，欧洲沿袭贵族文化和奢侈文化……中国的文化是什么？我们如何用世界人民容易理解的方式有效传播并使其自然地接纳？这些问题需要中国国家品牌构建专家认真思考并作出审慎回答。幸好，大规模的世界经济危机让世界重新思考和认识了东方思想体系、价值观和社会经济政治制度；幸好，西方各大国元首到中国不光会感叹长城和故宫的宏伟与瑰丽，也感叹高速铁路、宇宙飞船等高新科技的神速发展。

而今天的中国要想全方位地融入世界，实现和世界的真正接轨，还需要继续深化改革。在世界各地尚处于起步阶段的孔子学院的建立可算是中国文化走向世界的一种尝试。或许，世界不是看我们怎么说，而是看我们怎么做。巴西营救被困69天的矿工所作的不懈努力和菲律宾警方对歹徒劫持中国香港人质时所表现出的低效、无能形成了鲜明的对比；汶川大地震事件中中国人所表现出来的空前团结和相濡以沫，更让世界看到了一个温情而强大的中国。据坊

236

间闲谈，中国在汶川地震后的表现让中国获得了至少二十年的和平发展时间，因为没有哪一个国家敢于挑战十多亿人的团结一致。

在经济主导世界发展的时代，国家品牌最重要的支撑当属企业品牌和产品品牌。美国之所以成为全球超级大国，是因为它拥有世界最多的高端品牌。2010 年 Interbrand 全球最佳品牌 100 强榜单中，美国占 50 席，德国 10 席，法国 8 席，日本 6 席，英国 5 席，韩国 2 席。与往年一样，今年仍然没有中国企业入围全球最佳品牌百强。由世界品牌实验室 (World Brand Lab) 独家编制的 2010 年度 (第七届)《世界品牌 500 强》排行榜于 2010 年 12 月 22 日在美国纽约揭晓，中国内地有 17 个品牌入选，其中中央电视台 (CCTV)、中国移动 (China Mobile)、工商银行 (ICBC) 和国家电网 (State Grid) 位列前 100 名，遗憾的是绝大多数都是国家垄断企业。中国要想真正拥有世界级的品牌，政府需要通过更严格的行业标准和产品标准的制订、落实，加强市场监管的政策导向，促使企业加大研发创新力度，制造精品；并通过研究机构、学校、行业协会等多种渠道传播品牌知识，鼓励、支持企业进行品牌建设。

在国家品牌的建立中，个人品牌也起到了很重要的作用。比如姚明、刘翔、袁隆平、丘成桐、马云等，他们是中国精英的代表，在各自的领域做出了重大贡献，他们让世界重新认识了中国。但是，我们真正创新的人才还太少，至今没有中国人获得诺贝尔科学奖项。无论是理工类学科还是人文管理学科，中国也鲜有自己的理论体系。就在我们现在讨论的品牌领域，专业内惯用的插位、升位等理论也只是基于"定位之父"美国人里斯和特劳特定位理论的舶来品，本质上就是定位的思想。中国离不开精英，但我们更不能忽视大多数普通中国人素质的提升，只有不再发生类似被外国人诟病的乱涂乱画、不遵守规则等毛病后，只有当中国的普通老百姓都展现出平和、自信和尊严的时候，中国人的品牌才算真正建立了，中国的品牌才真正建立了；只有绝大多数中国人有了浓厚的人文情怀后，我们才能赢得世界的认同和尊重。

有了清晰的定位和优良的产品之后，国家品牌要想更好地树立还需要研究品牌的行销策略。首先，要思考究竟想告诉世界什么。中国有太多的东西，但我们不能老是讲四大发明，老是麻烦老祖宗出来说事。我们需要向世界传递一个现代的、与时俱进的中国。现代中国至少要包含以下内容：一是开放和民主，多元文化，人性而温情；二是创新，科技，低碳，负责任。中国需要传递面向世界的全局观和面向未来的发展观。不要如中国电影一样总是长袍马褂，老在演绎历史；而要学习美国好莱坞电影的阿凡达们，重在畅想未来。其次，我们要思考内容表现的精准，不要让人误读。比如，《中国制造》被部分老外解读为中国制造抢了世界的饭碗；《中国国家形象——人物篇》被批最多的也是创意方案，各行各业的名人被解读为在宣扬精英文化；另外，所选的一些人物绝大多数外国人，甚至绝大多数中国人都不见得能熟悉，其宣传作用势必大打折扣。我们要注意转变沟通的观念，不要只沉浸于想告诉别人什么，而要考虑别人能从中听到什么。再次，需要精心规划用什么样的方式和世界沟通。广告是一种方式，但有没有更好的方式？比如多参与世界的公益活动，赞助一些媒体节目，甚至资助发达国家的智库研究中国等策略都是可以探讨利用的。

品牌的背后是文化。中国文化博大精深，是世界的财富。但是，对于今天的中国，我们需要检讨的是中国传统文化大多存在于书本中，与我们现实的行为发生关联的实在不多；同时我们还要有一份责任，创造滋养世界的新文化。改革开放三十多年，我们取得了举世瞩目的成就，经济发展了，但也存在很多的社会问题，而仔细分析这一系列问题背后的根本原因基本都是文化的缺失。中国要成就更辉煌和正面的国家形象，真正成就大国、强国品牌，成为全世界信赖的国家品牌，就必须重建中国文化，让中国文化真正深入人心，让世界真正看到中国人的风采，中国产品的风采，中国的风采！

（本文曾发表于《市场导报》、腾讯财经）

品牌建设，中国企业的必由之路

2010 年，富士康员工连续跳楼自杀，如花的生命过早地凋零在钢筋水泥丛中。富士康员工长期超长时间工作，身体和心理都忍受着巨大的疲惫、压力和苦闷，他们以青春和活力为代价，赚取微不足道的薪水。历史的发展趋势是研究机器人，让机器代替人；而富士康则是把人当成机器。面对富士康逆时代潮流的所谓先进的"半军事化"等管理方式，业内批评和反思的焦点主要集中于员工的心理疏导和管理上。而透过富士康员工呆滞而毫无希望的眼神，我们看到的是一个没有任何终端品牌的"世界最大代工厂"，或许称为"世界最大血汗代工厂"也不为过。

富士康自诩是全球最大的电子产品代工厂，言辞间很是得意和欣然。这种神色和 1989 年牟其中用大量轻工产品从前苏联换回 4 架图—154 客机颇为相似。富士康为了获取更多的订单，不断地强化"超低价、高效率、半军事化管理"等所谓的优势。但是，它尽管很庞大，却没有终端的品牌，生产的产品都打着别人的标志，所以，富士康每生产一台苹果 Apple，只能得到四美元，四美元包括材料费、加工费等，其利润尚不足苹果公司的 1%。如此低的利润，不压榨工人的工资才怪。事实上，支撑富士康发展的是中国大量廉价的劳动力、不健全的劳动法制和地方政府为招商引资而提供的诸如免费土地、税收减免等优惠措施，并不是它真正具有强大的生命力。

2008 年席卷全球的经济危机，让中国的很多企业经历了极寒的冬天，珠三角、长三角大量的企业纷纷倒闭。这些倒闭的企业绝大部分都是代工企业，就是所谓的两头在外的企业，技术在外，市场在外，品牌也是别人的，一遇风吹草动，便险象环生，自己没有一点主动权，没有一点抗风险能力。

从长远来看，这些没有品牌的简单加工企业倒掉是好事，迟倒不如早倒好。它迫使我们进行产业升级，进行品牌建设。富士康事件，以生命为代价敲响了品牌建设的警钟，如果富士康能够深刻反思，以自己强大的制造能力从制造商向品牌商转变；如果中国企业界能够以此为鉴，开始思考品牌建设并付诸行动，才不枉那些消失的鲜活生命。

现在市场的竞争早已从产品竞争发展到品牌竞争。良好的品牌具有以下特点：1. 消费者更容易接受；2. 品牌溢价高，消费者愿意花更多的费用购买；3. 消费者花了大价钱购买了还觉得挺开心（注意，所有的表述都是基于消费者，而不是基于产品本身）。比如我们在浙江海宁皮革城花了两百元买了个真皮包，我们的感觉是平淡无奇，有可能还觉得买贵了；而我们花上万元买一个皮革的 LV 包，感觉可能非常爽，时时都要秀出来，觉得酷毙了。这就是品牌价值的一种体现。

因为具有这样的属性，自诞生那天开始，品牌就成了企业进军市场、叱咤疆场、挥扫千军最重要最锐利的武器。世界知名企业无不时时刻刻围绕着品牌做文章，不断提升、不断维护，使其具有持续的活力和竞争力。可口可乐自诞生以来，守着秘密的配方保持着独特的口味；奔驰汽车坚持打造尊贵的豪华座驾；耐克自 1972 年成立，就把生产放在亚洲，而专注于设计和品牌行销。

目前中国品牌现状不容乐观，表面繁荣之下却暗流涌动，蕴藏着巨大的危机，主要表现在以下几方面：

一、目前占据中国市场主流的品牌大多数是外资品牌。比如，汽车领域的奔驰、宝马、凯迪拉克、本田、丰田、凌志、别克等；快餐领域的麦当劳、肯德基、德克士炸鸡等；钟表领域的百达翡丽、江诗丹顿、爱彼、宝玑、万国、伯爵、卡地亚、劳力士、欧米茄等；化妆品领域的欧莱雅、资生堂、伊丽莎白·雅顿、兰芝、雅芳、玫琳凯、欧珀莱、旁氏、薇姿、妮维雅等。在其他行业，这个清单还可以列得很长很长。

二、本土知名品牌流失严重。南孚电池被摩根士丹利收购后转卖给美国吉利，中华牙膏和美加净被联合利华收购，乐百氏与正广和被法国达能收购，小护士被法国欧莱雅收购，华润涂料被美国威士伯公司收购，熊猫洗衣粉被美国宝洁公司收购，大宝被强生收购、舒蕾被德国拜尔斯多尔夫公司收购（妮维雅品牌拥有者），白加黑被德国拜尔收购，法国 SEB 并购国内压力锅老大苏泊尔……2010年 12 月 6 日，又一个本土品牌被收购，全球第一香水制造商科蒂集团和本土品牌丁家宜在这一天正式宣布达成股份购买协议，科蒂将获得丁家宜控股公司的大多数股份。还有很多貌似本土品牌其实都不是"中国心"，比如金龙鱼、鲁花、金霸王、汰渍、碧浪等等。

这些被收购的品牌只有两种命运，一种是消失，另一种则是被弱化。外资在并购国内企业时首选行业知名企业，第一是通过合资，减少一个强有力的对手；第二可以借用被收购品牌的原有优势快速进入市场；第三，合资后通过经营上的厚此薄彼策略，强化外资品牌而弱化国内品牌，直至其残废，甚至消亡。法国SEB通过合资让上海电熨斗厂的明星产品"红星"牌电熨斗从全国市场占有率的95%锐减到20%。活力28早没有了踪影，小护士也不知到何处去了，中华牙膏的市场占有率和"中华"两字已太不匹配。

三、本土企业普遍没有品牌意识，还停留在做产品阶段。奥美全球总裁说过，中国只有"一个半"世界品牌：一个是青岛啤酒，半个是海尔电器。国内绝大部分企业在品牌意识方面不够，对品牌的认识还停留在很肤浅的层面，比如做品牌就是打广告，做品牌就是设计商标，做品牌就是打知名度等等。更有甚者，搞假冒伪劣，偷工减料，以次充好。隔段时间就会发生诸如三聚氰胺奶粉、矿物油大米、化工紫砂壶、吸费手机等类事件。从品牌研究专业角度来看，中国在一线从事品牌研究和实战的专家还太少，多数的专家来自高校。而值得一提的是，发达国家的品牌专家大多来自实战的一线。品牌是实战性很强的科学，品牌竞争的环境随时都在发生变化，呆在书斋里做研究可能对市场的反应会慢半拍。专家研究的领域也多集中在品牌行销，而研究品牌其他领域的人就很少。另外，中国还缺少真正能提供系统品牌规划和管理的专业机构，现在市场上打着能做品牌策划牌子的公司往往只能提供广告方面的服务。

当然，伴随着中国经济的持续增长，伴随着中国与世界接轨的步伐，中国企业在交了很多学费后，在品牌领域开始觉醒，开始向好的方向发展。娃哈哈和达能的官司，让我们看到了宗庆后对"娃哈哈"品牌的坚守；中国商务部否决了朱新礼要把"汇源"当猪卖给可口可乐的想法。而2010年发生的一些事件更让我们看到中国企业的希望。5月18日，奥康皮鞋收购意大利鞋业第一品牌万利威德(VALLEVERDE)大中华区的所有权；8月2日，吉利与福特完成资产交割，自此沃尔沃豪华汽车品牌花落吉利集团；8月23日，上海家化宣布复活诞生于1898年的双妹品牌；9月，永久C自行车正式销售，勾起很多人的记忆，怀旧又不失时尚与现代；10月18日，党的十七届五中全会审议通过的"十二五"规划中明确我国要从汽车大国向汽车强国转变，到2015年，自主品牌乘用车国内市场份额超过50%，其中自主品牌轿车国内份额超过40%；12月7日，天府可乐状告百事可乐侵犯商业秘密一案一审判决获胜，天府可乐品牌或将复出。

当然，品牌之路艰辛而漫长，中国企业无论是自创品牌，还是收购兼并洋品牌，都必须让品牌具有持续成长的生命力、市场影响力和号召力，生产出质量优异的产品，提供更优秀的服务，提出独特的品牌价值主张成功击中消费者心智而最终成为品牌赢家。对于国内广大的中小企业而言，在品牌规划时不能照抄大企业的品牌策略，而是需要结合自身特点采取非对称性竞争策略，谋求局部优势或某一方面的相对优势，而这一优势外资品牌短时间内不能撼动，从而为自己赢得发展时机。或渠道深耕，成为一方地头蛇；或细分一片市场，成为细分市场的第一品牌。就如同军事领域的竞争，我国与军事先进国家相比，在一定时间内不可能全面赶超，我们就发展核潜艇等二次核反击力量；美国基于卫星的信息战能力强大，我们就研究精准打击卫星的武器，用非对称的优势实现有效的制衡。

品牌建设，中国企业的必由之路！

（本文曾发表于《市场导报》）

快时代，秀出你的个人品牌

一年一度的春晚，总是在人们的期待中开始又在全民失望中落幕，是非曲直，好坏善恶，任人评说。春晚就是这样一个神奇的舞台，大家骂，但大家都要看，多少人梦寐以求想站上去，多少人因为站到那个舞台上几分钟，立刻名扬全国，甚至驰名中外。2011年春晚，西单女孩无疑是最大的赢家。一个在地下通道弹吉它唱歌的女孩居然上了万人仰慕的春晚。而我们也有理由相信，那个叫任月丽的西单女孩在接下来将会忙得不可开交，走马灯似地参加各种活动、演出，再接下来甚至可能会出唱片、演电影等等。拥有十几亿观众的春晚舞台又造就了一个草根明星。

据说，对西单女孩的快速走红，有很多人很不以为然，中央歌剧院女高音歌唱家马梅就大声炮轰说西单女孩唱功不行，只是因为有了媒体报道才上了春晚，有多少功力深厚的老艺术家穷其一生都不能上，助长了学艺术的人的浮躁心理云云。对于梅子同学的言论，网络时代少不了大量网友的口诛笔伐，大批其酸葡萄心理。

或许，没有姿色没有背景的西单女孩能上春晚真的如坊间猜测的那样自有其幕后强大的推手。2011年盛大网络主推的2D次世代动作网游《星辰变》，新春上线的"修行者计划"中看到了西单女孩的宣传图，春节前期上线的盛大"家年华"也采用了西单女孩在春晚演唱的曲目《想家》，而在春晚前其他任何地方没有这个曲目的官方小样。修行者计划就是以星辰变为平台，以励志为主线，鼓励当代年轻人靠着信念、执着去实现梦想。出身草根如西单女孩都能上春晚，这无疑正是盛大想告诉给网民的一个"中国梦"。

客观来讲，西单女孩的快速走红，有其偶然性，更有必然性。偶然性是在地下通道唱歌的众人中她被关注了。必然性是，她的坚持，她的情怀，她的歌声触动了众多和她一样在社会底层打拼但又都心怀梦想的人内心深处的琴弦，而现在社会也需要塑造草根明星。

不管怎样，一个柔弱的女子，任月丽有了自己的品牌。这个品牌是她和大家共同打造的。西单女孩还告诉我们，快速成名也可以用一种很阳光很亮丽的方式实现，而非靠那些被社会诟病的潜规则或一脱成名等恶俗的方式。

个人品牌的塑造并不是哪个人的专利，古往今来，无论达官显贵，还是贩夫走卒，或有意或无意都在以自己的方式建立着自己的品牌。我们每天的着装、行为、语言等等都在传达着我们个人品牌理念和品牌形象，影响着人们对我们的认知，也因此决定了我们的人生道路和事业格局。孔子周游列国讲他的仁义道德，因此人们尊他为圣人；刘备希望在群雄纷争、英雄逐鹿的混乱时代建功立业，除了搬出来路不明的皇室正统外，还大打"仁义"牌；诸葛亮躬耕南亩，刘备三顾茅庐，人中龙凤地位立即凸现；关羽重情重义，结果被华人当成了神仙供养；李白斗酒诗百篇，姿意华丽，风流倜傥，而号诗仙；于少保正直忠诚，刚直不阿，要留清白在人间；毛主席在长征途中展开担架外交，终获认同，奠定了在红军的绝对领导地位，让中国革命回到正确的轨道上来；袁隆平专注于杂交水稻的研究，终成"杂交水稻之父"。

历史进入二十一世纪，可以称为快时代。交通变得快捷，出门再不用像古人"鸡声茅店月，人迹板桥霜"那样艰辛；通信再也不会有"烽火连三月，家书抵万金"那样珍贵，世界成了一个地球村。昨天是 XP，今天是 WIN7；昨天是 IPad，今天是 IPad2。一切的一切都在发生着日新月异的变化。随之而来的，是我们心态发生的变化，我们不再想行万里路，读万卷书；我们也不愿再坐十年冷板凳，耐住苦读的寒窗。社会多了浮躁的病，急功近利，很多人梦想一夜成名、一夜暴富。于是就有了凤姐、兽兽、苏紫紫们因炒作而一夜扬名的层出不穷、屡见不鲜。

快时代快速树立品牌，一个有争议的人物给我们提供了另外一个可供参考的范本。2008 年汶川地震后不到半小时，陈光标就作出决定 60 台救援工程机械立即开拔灾区；第一个把成捆的人民币堆出来捐款，被质疑为"钱墙秀"；第一个提着现金去台湾发红包也是他。

那么，究竟什么才是好的个人品牌及如何才能合理构建自己的品牌呢？好的个人品牌具有以下特点：

（1）个人品牌要以良好的品德作为支撑。产品品牌的核心是品质，个人品牌的核心是品德。宋山木精心打造的背带裤、大胡子形象的个人品牌，因为强奸案而一切皆付诸东流。最可悲的是他的行为和他所倡导并要员工学习和践行的企业文化背道而驰，形成了强烈的反讽。基于品德的个人品牌大厦一旦倒塌几乎不可重建，史玉柱可以重来，宋山木重来的可能性就极小。中国人相信一个人的能力不足可以靠努力来弥补，而品德出了问题则是脸上的烙印，一辈子也挥之不去，甚或遗臭万年。

（2）个人品牌往往具有清晰的认知，具有代表性，可以和某类事物划等号。比如，毛泽东与红色中国、马云与阿里巴巴、张朝阳与搜狐、郎平与中国排球、周星驰与搞笑片、周润发与赌王角色、杰克逊与流行音乐等。代表性的清晰认知就是你在别人心目中最擅长什么，最与众不同之处在哪里，你具备什么样的独特价值可以被别人利用，你是什么领域的专家或者是某方面品行的楷模。

（3）个人品牌意味着最可信赖。个人品牌最重要的特质就是知行合一，言行一致。这是因为，我们看人最终一定不是看他怎么想的，也不是看他怎么说的，而是看他是怎么做的。成功的个人品牌能让事业更容易成功，生活更容易幸福。搜房网总裁莫天全，甚至没有成形的商业计划书，就获得国际数据集团 IDG 的融资，靠的就是他之前所累积的个人品牌资产。

（4）个人品牌可以影响产品品牌和企业品牌。王石到世界各地爬山，还为一些知名品牌做形象代言，一直在塑造着阳光硬汉的品牌形象，伴随着王石的步伐，万科也在全国攻城略地，成为地产行业第一品牌；马云海内外四处巡回演讲，很多人因为认识了马云才认识了阿里巴巴、淘宝；疯狂的乔布斯，让我们看到了不一样的APPLE。广告上常用的明星代言，也是借用明星的个人品牌与该品牌的关联性而迅速深入人心。

"路遥知马力，日久见人心"，这是古人的说法。现在，我们每天认识和交往的很多都是陌生人，我们已经不可能花很长时间让别人认识、了解自己，这就需要有意识地系统规划和建立自己的个人品牌。

首先，必须要有清晰的定位。我是一个什么样的人？我要成为一个什么样的人？比如笔者定位为品牌规划研究和实战，所有精力聚焦于品牌。本专栏也是品牌专栏，所有的文章将从不同侧面阐述品牌的相关要素。有了定位后不能朝令夕改，经常变换，在某方面浅尝辄止不会有所成就，就如同不停地换地方挖坑是难于出水的。正确的做法是找准定位，一直挖下去，直到挖出一口深井来。同时，一会东一会西也会影响大家对我们的认知。就像一个人的性格，一会儿开朗一会儿忧郁，一会儿大哭一会大笑，我们多半会认为他得了精神分裂症。

其次，需要设计招牌形象。招牌形象是个人品牌的有效识别，既体现自己的个性又会让人记忆深刻。佛教徒的形象最具有识别性，走到哪里一看便知。鲁迅的胡子，冷峻而深沉；曾荫权特首对领结情有独钟，出席正式场合都打领结，散发着英国绅士的风度；卡斯特罗总是一身戎装，传达着为古巴终身战斗的精神；金日成上身夹克下身蓝裤的着装被朝鲜媒体盛赞为领袖的着装"引领了世界时尚"；犀利哥迅速窜红大江南北，魅力远射日本、英国，靠的就是那身打扮；当然芙蓉姐姐的"S"造型也为她扬名立万立下汗马功劳。招牌形象对于大多人来说，不见得非奇装异服、特立独行不可，只需在某一方面或某一个细节上有自己的个性，传达出个人品牌的独特气质即可。

再次，需有科学的传播策略。单纯出名和个人品牌完全是两回事，传播的手段可新可奇，甚至可以俗，但不可以恶俗。比如新春过后就爆出堪与兽兽媲美的宫如敏艳照门，宫曾荣获世界名模大赛中国区冠军，据称台风稳健，仪态高雅。但这次有意或无意的炒作彻底改变了个人品牌，影响未来更好的发展。练七伤拳先伤自己。传播的要点之一是出位，不是脱，不是露，这个出位不是贬义词，而是中性词。顾名思义，就是不按常规出牌，不走寻常路，谋求新奇特，简单地说就是创新、创意。比如甘地的非暴力反抗，影响了世界民族主义和世界和平变革。比如仇和的极具个性的施政策略以及对某些体制局限的大胆挑战。传播要点之二是借势。如果能同赵本山搭档演小品会如何？如果能和比尔·盖茨合作会如何？因为和赵本山上了春晚，小沈阳红遍全国。在奥巴马演讲时脱掉外套的王紫菲一下子就被人肉搜索，网络再一次制造了一个名人。传播要点之三是要注意借助平台的力量。比如通过行业协会、商会、校友会、车友会等平台，积极参与活动，展现个人魅力，创造个人品牌。传播要点之四是有效利用网络。建立个人网站、博客或微博，用相同的名字、相同的图标、相同的签名、相同的介绍，讲与自己定位相关的主题。

最后需要持续地进行品牌管理。个人品牌同产品品牌一样，也需要不断地调整和升级，需要时时刻刻注意管理自己的个人品牌。第一要持续地学习与提高，与时俱进，不断地累加自己的个人品牌资产。而事实上有多少人因为少年得志，而疏于学习，不再进步而昙花一现，流水落花之间就消逝得无影无踪。再遥想当年，《闪闪红星》中的潘冬子吸引了多少中国人的目光，而今潘冬子安在？

第二，适当的时候可以调整方向。首先应专注于自己定位的领域，如果实在走不通，或有了更好的机会则应该考虑调整方向。比如齐白石学画之前是雕花木匠，李瑞环成为国家干部之前也是木匠，马云最早是教师，李书福最早是乡村照相师傅，他个人品牌的再造就像吉利从摩托车到汽车的华丽转身，今天吉利又通过收购沃尔沃品牌进入高端汽车阵营。

第三，不能贪多，精力不能分散。一个人的精力是有限的，不可能同时进入很多领域发展，也不可能拥有很多领域的才华。一个人既会数学，又会画画，还会唱歌，又会打篮球，还会游泳，但一定精力不够，也不可能行行做得很专业。同时，个人品牌会有很强的个性烙印。葛优是知名的喜剧演员，但就是出演《赵氏孤儿》中程婴这样的悲剧角色，观众在泪眼婆娑中也时有笑场发生。专注与聚焦是成就个人品牌的基本法则。冯巩曾说"在相声界，我电影演得最棒；在电影界，我相声说得最溜"，笑谈仅归笑谈，我们认识的冯巩还是著名相声演员，而不是著名电影演员。

（本文曾发表于《市场导报》）

叫春，叫不出城市品牌

2010 年，一座叫春的城市着实雷到了不少观众。据称，该策划系江西省宜春市政府和国内知名专家联手打造，可谓呕心沥血辛勤工作和绞尽脑汁智慧碰撞的结晶。不过，一阵叫春过后，很快偃旗息鼓，没有了声音，估计高潮尚未到来。

叫春，除了让人知道宜春这个名字外，还让我们知道点什么呢？除了让我们知道宜春躁动的春心外，我们又能感受到怎样的美好呢？宜春，可能要的就是大声叫春，要的就是出名，而无论这个名是好名还是臭名，就如同一脱成名的网络红人一样，不管招式不管手段，只要能博得眼球就行。一座城市沦为艳照门的主角，真是可悲可叹。

宜春的浮躁当然不孤独，近年来，为了快速成名而奇招迭出的地方不少。张家界景区的"乾坤柱"在电影《阿凡达》热播后，立刻想改名为"哈里路亚山"。张家界景区的快速反应值得褒扬，前期宣传广告创意"潘多拉很远，张家界很近"更是可圈可点，但是硬要把一个很中国的名字改成牵强附会的洋名，就显得急躁而短视。湖北远安县在《山楂树之恋》热映之后，也传出当地政府有意改名为山楂县，青龙村改为电影中的西坪村。

目前，城市为了提高知名度，还有其他一些策略，比如争名人故里，杭州萧山与诸暨争过西施故里，陕西延安的黄陵与河南新郑争黄帝故乡等等。如果说争正面的名人尚可理解，山东阳谷县、临清县和黄山徽州区抢着争西门庆就显得有些可笑。还有各种各样的节日，据不完全统计，现在中国每一年大大小小各个地方政府举办的节日多达五千多个，这些节日大多了无新意，没个性没生命力，仅凭长官意志而年年热热闹闹地举办着。另外，大造豪华的城市广场、建造姿态各异的城市雕塑、请各路明星出场搞晚会等方式则更为普遍而肤浅。

总体而言，全国各地掀起树立城市形象的热潮是好事，它至少显现出了地方政府开始注重自身形象建设，主政官员希望有所作为，开始思考如何增加一方的吸引力、注意力，形成相关资源的聚集地从而带动地方发展。之所以会出现叫春之类让人瞠目结舌，挑战全国人民想象力的炒作事件发生，主要有两点原因，一是急于获得知名度，心态急了些；二是在认识上和方法上有问题。从理论界到政府部门，普遍缺乏对城市品牌的正确认识，不清楚城市品牌的真正内涵以及如何才能系统地构建成功的城市品牌。国内大部分城市在构建品牌方面主要集中在知名度的提升上，宣传策略也是乏善可陈，大多零散而没有中心思想，很少有提到品牌行销这一高度上来。比如，张家界景区改名不仅仅是丧失个性和尊严的问题，重要的是它违背了品牌的内在规律。一部再经典的电影都不可能让观众保持长久的热情，随着时间的推移总会被淡忘。张家界景区真正应该思考的是如何在现有资源秉赋（天生的地质地貌）的基础上开发一些更有意义更具生命力的人文产品，让张家界的魅力不仅仅停留在自然景观上，构建出独特的品牌价值，从而产生持续的吸引力。

那么，什么才是城市品牌呢？简单来说就是一座城市在大众心智中的独特印象，是大众区别于其他城市的判断结论，这个印象和结论是这座城市综合要素的高度概括和提炼，是一座城市的独特个性和独特价值。比如，深圳是移民城市，创业氛围浓厚，开放而具有创造力；杭州有优美的自然风光、浓厚的历史文化积淀，还有发达的工商业，是品质生活之城；香港是一座融合东西方文化的国际大都会等等。

如何才能正确地建立城市品牌呢？城市品牌建立需要遵循品牌定位、品牌设计、品牌行销及品牌发展的内在规律。

第一，城市需要明确的定位和愿景。一座城市应基于自身的资源而有一个明确的定位，需要有自己的理想和目标，要清晰地回答"要成为一座什么样的城市"、"要走到哪里"等问题。定位的方法有很多种，方法之一：独有资源法，即以自身独享的资源作为品牌的定位，比如威尼斯的水城；方法之二：产业特色法，比如意大利米兰的时装；方法三：若城市历史上没有特色，可把某一领域做深做精形成新的特色，比如赌城拉斯维加斯。定位方法还有很多，今后会专文详述。

城市定位需要注意几点，一是创造性的思维很重要。新加坡发展旅游业资源匮乏，旅游局长一筹莫展，认为除了有阳光外没有其他优势，李光耀一句著名的批语"上帝给了我们阳光，难道还不够吗"开启了新加坡旅游的黄金时代。中国曾有"东方威尼斯"、"东方巴黎"、"北方香港"等城市定位，除了表露出媚洋之态外更凸显了懒于思考的惰性。要注意的第二点是，不见得非要深挖历史不可，如果历史底蕴不深，就不要硬把老祖宗从坟墓里拉出来亮相，更不能整些无中生有的历史糊弄大众，来路不明的东西经不起时间的考验。我们的着力点应该放在如何培育和创造新的历史和文化上。要注意的第三点是，一定要有鲜明的个性，比如，台儿庄的定位"江北水乡，运河古城"就值得商榷，没有什么创新。水乡不是它独有的，运河边的古城太多，而且无论是水乡还是古城，台儿庄实在排不上名号。台儿庄之所以出名是由于台儿庄大捷，台儿庄是否可以从抗战文化着手构建独有的品牌定位呢？再比如，中国搞啤酒节和冰雪节的城市有很多，一窝蜂搞不一定是坏事，重要的是要构建自己与众不同的个性。

第二，城市品牌需要系统设计。品牌系统设计绝非是现在城市流行的设计一套城市 VI，弄出一句广告语这样表面的设计。要真正实现城市的愿景，成功构建城市品牌需要从软环境和硬形象两个层面同时着手。

在有了明确的定位和发展方向后，城市应该紧紧围绕定位和方向进行系统的制度建设，提出明确的城市发展步骤及时间，进行城市规划和重点产业规划，提升政府公共管理服务能力，制定相关的导向性政策等等。目前在城市发展过程中，往往会忽视前期的定位研究和相关的制度建设，导致城市规划和产业规划时方向多、焦点多、过时快。有的城市行政部门的管理及服务也差强人意，给城市品牌带来消极影响，阻碍了城市资源聚集洼地的形成。城市品牌的建立还需要围绕某一定位，设计一系列的支撑活动。山东潍坊围绕"世界风筝之都"的定位，设计了世界风筝会、世界风筝小姐大赛、世界风筝协会、风筝论坛、风筝放飞比赛等等活动，把风筝这篇文章做足做透。

除了软环境外，外在的硬形象设计也很重要。好的硬形象设计能把城市品牌独特的文化和价值视觉化，形成便于记忆的城市符号。硬形象设计包括三大方面的内容，一是城市 VI 系统，即以城市标志为核心的视觉符号体系；二是宣传品体系，包括城市广告片、平面广告和介绍资料等；三是城市行为艺术，比如北京的升旗仪式。

目前国内城标的设计水平尚待提高；宣传品大同小异，除少数大城市外，整体水平较低；城市行为艺术研究和实践的还太少。

第三，城市品牌需要科学的传播策略。从传播的性质上，可以运用硬广告和公关两种方式；从传播媒介上，可以运用传统的媒体和以网络为代表的新媒体。城市品牌传播主要应该采用公关的方式，硬广告一般只能起到浅层的告知作用，公关策略具有传播时间长、受众感知全面和立体的特点，体育、会展、论坛、电影植入等都是常见的公关策略。北京奥运会让世界重新认识了北京和中国，广州亚运会让广州知名度大大提升。德国法兰克福的汽车展、书展，汉诺威的国际工业博览会，柏林的国际娱乐电子产品和家用电器博览会等等成为这些城市的亮丽名片。达沃斯论坛使阿尔卑斯山这个一万三千多人的小镇成为"经济联合国"，博鳌亚洲论坛也让海南岛的博鳌小镇成为亚洲的焦点。《非诚勿扰》让杭州西溪湿地游人如织，顺带也让北海道的旅游火上一把；《指环王》勾起了全世界人民对新西兰风景的向往。

城市品牌传播时需要注意两点，一是聚焦，城市品牌的传播须围绕定位这一中心通过不同侧面进行强化宣传，最忌讳的是说得多而全，影响大众的认知。二是互动，在传播时应采用互动的方式，让生活在这座城市和来过这座城市的人们能够建言献策，参与到城市品牌建设中来。城市品牌决不单是由政府官员或少数所谓的精英分子缔造的，而是由公众共建的。

第四，城市品牌需要不断发展。城市品牌需要与时俱进，根据社会的发展和城市自身的变化做出相应的调整。调整包括两个方面的内涵，一方面是坚持原有的定位，不断优化和升级。比如达沃斯论坛，1970年，克劳斯·施瓦布教授在达沃斯创办了一个企业管理论坛，1971年发展成国际经济的"欧洲管理论坛"，1987年更名为世界经济论坛，达沃斯小镇形成论坛产业链，从深度、高度和广度三方面不断发展。调整的另一方面是提出基于城市可持续发展的重新定位或子品牌。香港以前的定位是"亚洲的港口"，但随着社会的发展，这一定位已不准确，香港及时调整为"亚洲的世界大都会"。大连城市品牌第一阶段重点突出优美的城市建设，第二阶段突出中国领军的软件和服务业外包品牌，如果大连到现在都还只能叫卖蓝天白云，大连的发展将远不如现在。如果杭州没有动漫、软件、休闲之都等子品牌，仅仅靠着大自然留给我们的西湖，今天的杭州又会是什么样？

产品品牌的基础是质量，个人品牌的基础是人品，城市品牌的基础是城市的基本品格。城市的基本品格至少包括安全、卫生和文明三方面，这三方面是任何一座城市都应该具备的最基本的要求，一座不能保证安全、卫生脏乱差而且市民还不文明礼貌的城市，再好的定位、再好的规划、再大力气的行销对于品牌的建立都无济于事，谈品牌都是痴人说梦，而这座城市也会让人讨厌而竞相远离。就如同汽车一样，无论品牌如何个性，但最基本的要求必须是安全和舒适的。

从某种意义来说，城市品牌相较产品品牌、个人品牌则显得更为重要。一座城市是全体市民的城市，它的发展健康与否会影响到所有生活在这座城市的老百姓的现在及未来。因此，在城市品牌的构建过程中，相关部门和人员更应该具有强烈的历史使命感和责任感，面向大众，面向民生，面向未来。

因为，我们是在创造一座城市的历史。

（本文曾发表于《市场导报》）

像种树一样建设品牌

这是品牌的时代。大到国家、政府需要精心规划、大力投资建设品牌，小到企业和个人也得绞尽脑汁费尽心力树立品牌。但究竟怎样才能科学地建立品牌，并永续经营让品牌始终充满活力？全世界品牌的研究成果很多，但大多或聚焦于品牌战略，或聚焦于品牌行销，而少有品牌全貌的系统论述；不是概念繁多，把人整得云里雾里，就是过于简单，认为做品牌只需"策划"这一灵丹妙药即可立见功效。

结合多年的品牌实践，笔者提出了"品牌树"的品牌构建理论模型，通过树的生长与品牌建立相对应，力图把复杂的品牌运作系统形象化为树的生长过程，即一颗种子（产品）如何长成参天大树（强势品牌），再长成一片茂盛的森林（品牌延伸），把抽象的品牌理论形象化。

种植的第一个要点是确定种什么、什么时间种、在什么地方种。种什么就决定收获什么，所谓"种瓜得瓜，种豆得豆"。种植时节也重要，水稻春天播种，冬小麦则需秋天播种，否则就会颗粒无收。同样，种的地方也很重要，"橘生淮南则为橘，橘生淮北而为枳"，不同的水土种出来的果实也会不同，换了地方甚至根本不能成活。

对农民来说，这些问题都是常识，但企业在树立品牌时却不一定看得清楚。微软在 2002 年时就推出了平板电脑 Tablet PC，雄心勃勃想取代手提电脑，但是至今还没有进入普通消费者的视线，而苹果的 IPad 风潮却席卷全球，赢得用户的狂热追捧。微软把 Tablet PC 定位为手提电脑的替代者，其功能强大但输入困难、价格昂贵；而 IPad 则定位为介于笔记本电脑和智能手机之间的电子产品，可上网玩游戏看电影，成功抓住了手提电脑和智能手机中的空白市场。产品开发思路错了，后面再怎么努力也可能收效甚微，这是其一。其二，选择对的地方也很重要。设想当年娃哈哈非常可乐一上市就进入一线城市，与可口可乐和非常可乐进行正面竞争，其结果会如何？中国革命也是从以微弱的力量去攻占中心城市转向农村包围城市后才开始走向胜利的。其三是选对时间。尽管现在种蔬菜可以用大棚，改变局部的气温而种出返季的蔬菜，但大的市场气候却非一个品牌可以左右的。九十年代中国的钢结构开始起步，市场呈现出良好的势头，萧山因为受杭萧钢构等快速成长的企业影响而投资钢构的企业不下百家，但经过十余年的发展，大部分的钢构企业还处于苦苦支撑的境地。市场的先机已被别人占了，后进者如果没有与众不同的核心竞争优势，很难出类拔萃。宝洁公司曾开发出润妍这一产品，但投入巨资研发和市场推广的最终结果却是黯然退出，其原因就在选择的时机不对，润妍采用和主流产品不同的剂型，需要洗发和润发两个步骤，这种产品在上个世纪八十年代曾是主流，而现在消费者早就被二合一产品惯坏了，谁也不愿再多花一倍的时间来洗发。

种植的第二个要点是需要长期的精心呵护。农民种下树木或庄稼，一定是进行辛勤的耕耘和管理，定期松土、浇水、施肥、除草、除虫、修枝等，品牌的管理和成长亦然，一些所谓的大师们说的那种一个点子一个策划就能建立品牌的观点显然经不起现实的检验：牛叉叉的央视标王秦池哪里去了？风行中国的三株哪里去了？红遍大江南北的红桃K哪里去了？只是偶尔还会在乡间斑驳的墙上看到其褪色的字迹。值得一提的是，即便容易快速成长的互联网行业今天真正能扬名立万、占据一块地盘的企业，也大多经过了十年以上的艰苦历练。

真正的品牌需要系统的管理、精心的呵护，并以良好的产品质量作基础、以卓越的服务作支撑。因此，我们必须放下浮躁的心态，坐得十年冷板凳，耐得旅途的寂寞，建好团队、搞好管理、做好服务。罗马不是一天建成的，品牌也不是一蹴而就的，品牌是永不停歇的长跑，不是看谁跑得快而是看谁跑得更长久。

种植的第三个要点是要把产品卖出去。近段时间出现蔬菜滞销让菜农叫苦不迭，据报道还有一位菜农因此自杀。如果菜农有品牌意识，其结果可能就会不一样。自家和别人种了相同的菜，不可避免严重的同质竞争，如何才能卖得更好？方法之一是可以讲一个品牌故事。以苹果为例，假如说这个苹果是当年砸在牛顿头上的苹果的后代，估计会好卖得多。海尔讲砸冰箱的故事一直讲了很多年，可谓名利双收。方法之二是事件行销。张瑞敏当年登上哈佛讲坛，只是稀松平常的事，但是海尔的公关团队却提出了张瑞敏是第一位登上哈佛讲坛的中国企业家的由头而大肆宣传。好的广告创意和科学的媒介组合策略也是品牌行销的重要组成部分。

种植的第四个要点是如何把一棵单体变成一片森林，并在其他地方成功复制。对应品牌而言就是在取得某区域或某方面的成功后，如何谋取更大的成功。此时往往是品牌的分水岭，有的因此而更成功，有的则走向不归路。海尔以冰箱起家，后来又以海尔作为品名推出了电脑、微波炉、热水器、手机等产品，梦想建成一个家电森林，但直到今天卖得最好的依然只是冰箱，其他产品都处于亏损或勉强支撑的尴尬境地。号称国酒的茅台酒近年来品牌延伸动作频频，除了推出系列中低端白酒外，还推出了茅台红酒和茅台啤酒。茅台酒拥有大量的高端消费人群正是因为其高品质高价格营造出来的高不可攀的白酒品牌形象，中低端产品的延伸则是自贬身价，短期来看由于市场反馈有滞后期，坏的影响还不明显，但从长远来看，茅台酒品牌如此作为无疑是自杀。而推出红酒和啤酒，除了混淆视听，模糊品牌形象外不会有其他的作用。

在品牌延伸上总有无数的人心怀壮志，但往往是理想很美好，现实很残酷。前段时间闹出致癌物质事件的霸王集团，投资 4.8 亿港元推出霸王凉茶，踌躇满志进入凉茶市场。霸王会成功吗？结果会很悬。消费者对霸王的认知是洗发水，与凉茶八杆子打不着，消费者喝着霸王凉茶时可能会感觉出洗发水的味道。

品牌延伸必须遵循科学的原则和策略，并非是想当然想干什么就干什么。笔者提出了品牌九大延伸策略，包括下游延伸、上游延伸、品牌嫁接、非关联嫁接、高档往中低档延伸、中低档往高档延伸、同一消费群不同产品延伸、相同产品不同消费者延伸、细分市场等策略。这些原则和策略的核心只有一点，即新产品与原品牌具有较为密切的相关性。另外，品牌延伸还有两个基本要点，一是要聚焦，把某一个品牌或品类做精做强，而不是像我们有些老板一样，拿出一张名片印满各类公司，正面印不完，背面接着印，水产、化工、纺织、房地产、农业、开矿等等五花八门，行业之多、跨度之大，让人叹为观止。不免让人生疑：他能同时经营好这些产业吗？品牌延伸的第二个基本要点是沿着产业链延伸。果农卖了苹果，可以卖苹果汁，也可以卖苹果干，但就是不能用同品牌去卖农药。做企业可以往产业链的上下游延伸，做好产业链中的一段或某几段，甚至整合整个产业链都可以，但跨产业链运作需慎之又慎。

（本文曾发表于《市场导报》）

享受思想之美

选择从事品牌学习、研究和实战工作，是一件充满乐趣的事。每天都能够了解大量最新的资讯，能够和不同的人沟通与分享，让我能够最大限度地了解世界的丰富和美好。在我眼里，这些都不是挑战，而是充满着无限的乐趣，这里既有探索品牌规律的快乐，也有因为自己的分享而让他人获得成长的自我欣赏。我会坚持以微博的形式写作，不断地自我成长，继续与人分享。

除了日常零散性的思考外，我也在系统地梳理品牌思想，利用业余时间进行《品牌树》系列丛书的写作。我想呈献给大家的是一些很简单的关于品牌思想的书。对于绝大多数品牌实践者，并没有太多的时间阅读理论著作，或理解逻辑关系复杂的理念，我探寻到品牌与生物之间的内在联系，以生物学规律去诠释品牌规律，以树的生长对应品牌的生长。我只有一个目的，就是希望写出大家都愿意看、容易理解且马上就可以应用的品牌经营指南。

保证写作质量的一个重要举措就是，将自己思考的理论与自己所参与的项目紧密结合，让实践去检验这些思想正确与否。实践是检验真理的唯一标准。思想不能落地，不能指导实践，不能帮助企业真正建立成功品牌，即便听起来再美再激动人心都是空想，都只是黄粱一梦而已。做自己所想，想自己所做；做自己所讲，讲自己所做，如此知行合一，方有价值。

如果能落地，思想真的很美。

或许这是中国第一本以微博的方式来讨论品牌的书籍，在这里，我特别要感谢朋友王承凯、郑建斌、中国言实出版社的周晏，没有他们的远见卓识、大胆创新和敢于冒险，这本书很难与读者见面。他们为本书做了大量的工作，从前期的策划、内容的架构、版面的编排等方面给出了很多建设性意见，付出了很多心血。

几乎每一本书都是建立在很多前辈、同行研究成果基础之上的。在本书写作过程中，笔者参阅了大量的资料，包括财经、营销、管理类期刊和网络报道；本书引用的图片也大多来自网络，由于数量众多，无法一一联系到作者，在此，一并表示感谢。

在这里，我要感谢我的团队，是他们辛勤而富有成效的工作，让我有更多的时间和精力用于思考和写作；还要感谢我的企业界朋友，在我每天坚持撰写微博、发送短信的过程中，给予我极大的鼓励和支持。

这本书并非严谨的学术著作，而主要是品牌营销思想分享和案例解读，书中难免有纰漏，欢迎读者批评指正（bbsyy@sina.com），这是鞭策我成长的好机会。

赵崇甫

2013 年 1 月